Im ewigen Kreis

R. Kaczynski
4. 11. 86

Pinchas Paul Grünewald

Im ewigen Kreis

Zum jüdischen Kalenderjahr

PETER LANG
Bern · Frankfurt am Main · Las Vegas

CIP-Kurztitelaufnahme der Deutschen Bibliothek

Grünewald, Pinchas Paul:
Im ewigen Kreis: zum jüd. Kalenderjahr / Pinchas Paul Grünewald. – Bern, Frankfurt am Main: Lang, 1980.
ISBN 3-261-04813-1

Gedruckt mit liebenswürdiger Unterstützung des Schweizerischen Israelitischen Gemeindebundes (SIG), Zürich, und der Firma Loeb AG, Bern

Satz und Druck: Lang Druck AG, Liebefeld/Bern

Meiner Frau und meinen Kindern
in Liebe gewidmet

הִנֵּה עַל הֶהָרִים
רַגְלֵי מְבַשֵּׂר
מַשְׁמִיעַ שָׁלוֹם
חָגִּי יְהוּדָה חַגַּיִךְ

נחום ב' א

Siehe – auf den Bergen
Schritte des Künders.
Er kündet den Frieden.
Ziehe Jehuda die Kreise
deiner Feste.

Nachum 2, 1

Inhaltsübersicht

Einführung

Im unaufhaltsamen Wandel des irdischen Geschehens, im stetigen Wechsel der Jahreszeiten ist der Mensch auf der Suche eines Immerwährenden, eines Unbedingten. Ohne je still zu stehen, ziehen die Himmelskörper ihre ewigen Bahnen. Wenn der bewundernde Mensch sie anbetet, vergöttert oder der nachdenkende Beschauer ihnen Ehrfurcht bezeugt, so hat der eine wie der andere seinen Regungen und Gefühlen entsprochen, aber die sich aufdrängenden, bohrenden Fragen harren weiterhin einer Antwort und warten vergeblich auf ein wahres Zwiegespräch.

Das Ewige liegt nicht in der Kreisbeschreibung der Linie, in der nimmer ruhenden Drehung, also weder in der Mathematik noch in der Physik des Kreises, sondern in der Zeitlosigkeit des Kreisträgers, des ewigen Volkes und seines Gottes, der diesem Volk und damit diesem Kreis und seinen geheiligten Treffpunkten ewiges Sein verliehen hat. Das ewig gesuchte Unvergängliche, das zur Antwort Bereite liegt nicht in der Masse der die Bahn durchlaufenden Materie, sondern im gemeinsamen immateriellen Mittelpunkt der ewigen Kreise.

Der Gedanke einer nimmer endenden, immer gleichförmigen ewigen Wiederkehr bietet keine Befriedigung. Solange der Mensch nicht selbst in die Bahn einbezogen wird und an ihrer Dynamik aktiv teilnimmt, wird das nach Höherem strebende Bewusstsein und die beschwingende Kraft der Hoffnung nicht genährt.

Der Kreis, den wir mit unserem Titel ansprechen, schöpft seine Energie nicht aus der in sich geschlossenen Linie ohne Anfang und Ende, sondern aus der Überzeitlichkeit seines Trägers, des ewigen Volkes, das um sein geheiligtes Zentrum immer wieder in ewigen Kreisen seine Bahn durchläuft.

Chag, Festkreis, nennt die Tora die geheiligte Zeit und zielt damit auf den Kreis des Volkes Israel, das sich um sein geheiligtes Zentrum sammelt. Naheliegend ist ja die Vorstellung des Festes als ein bestimmter Punkt im Kreislauf des Jahres. Diese Vorstellung ist aber nicht die entscheidende, in der jüdischen Gedankenwelt vorwaltende. So ist die Einordnung und Darstellung der jüdischen Feste im Tierkreislauf erst späteren Datums[1]. Die Zodiakdarstellungen kreisen mit ihren zwölf Sternbildern und den vier Jahreszeiten um die Sonne als Mittelpunkt. Das jüdische Kalenderjahr und damit auch die Bestimmung der jüdischen Feste werden aber von den Mondphasen und der Monderneuerung abhängig gemacht.

Die Feste sind an geschichtliche Daten und an den natürlichen Zyklus der Jahreszeiten gebunden. Die Zeit ist dabei kein unabhängiger dominierender Faktor, vielmehr Funk-

1 Die vorherrschende Auffassung des Talmuds verneint astrologische Einflüsse gegenüber Israel. «Ejn Masal Lejisrael», Schab 156a. Rabbi Jochanan begründet dies mit der Verwarnung des Propheten Jeremias: «Vor den Zeichen des Himmels schrecket nicht, auch wenn die Völker vor ihnen zittern», Jer. 10, 2. Eine vermittelnde Stellung nehmen die Tossafisten (N. Frankreich u. W. Deutschland, 12.–13. Jh.) ein. Hierzu Schab 156a, Beginn «Ejn Masal Lejisrael»; Kid 82a, Beginn «Mossifin Lo»; und Mo K 28a, Beginn «Ella Bemasla Talja Milta». Im Jalkut Schimoni wird die Lagerordnung der zwölf Stämme um das Heiligtum mit den zwölf Sternbildern in Beziehung gebracht, Jal Schi 418 zu Ex. Auch der Pijut – poetische Einschaltung – für Schemini Azeret, der mit «Jiftach Erez Lejescha» beginnt, ist auf die Symbole des Tierkreises aufgebaut. In den alten Machsorim – Gebetbücher der Feste – von Frankfurt a.d.O. Wilmersdorf und Sulzbach, alle aus dem 18. Jahrhundert, sind entsprechende Bilder für jedes Zeichen des Tierkreises abge-

tion der Bewegung der Himmelskörper, genauer der Erdumkreisung des Mondes und der Sonnenumkreisung der Erde, wobei dem rhythmischen Lauf des Mondes eine Vorzugsstellung eingeräumt wird, indem das jüdische Kalenderjahr primär durch die Monderneuerung bestimmt wird. Durch die Interkalation eines Monats im Schaltjahr wird dem Lauf der Erde um die Sonne Rechnung getragen, um ein Abgleiten der Feste aus dem Rhythmus der Jahreszeiten zu verhindern. Die priviligierte Stellung des Mondes beschränkt sich aber nicht nur auf das Kalenderwesen, wie der Psalmist dies in die Worte fasst: «Er hat den Mond gemacht zu Zeitbestimmungen»[2], sondern auch auf den Mond, der in dauernd sichtbarem Wechsel seiner Konstellation, in seinem Wachsen, Verschwinden und in seiner Erneuerung zum Sinnbild des Schicksals des jüdischen Volkes wird: «Zum Monde sprach er, dass er sich erneuere, Krone der Verherrlichung den von

bildet. Illustrationen mit Tierkreisfiguren treffen wir bereits in dem Wormser Machsor aus dem Jahre 1272. Eine grosse Überraschung bot die Entdeckung des Tierkreises auf Mosaikfussböden in antiken Synagogen in Israel: In Chammat Tiberias (4. Jh.), Husifa (5. Jh.), Bejt Alfa, Naaran (6. Jh.) und Ejn Gedi (6.–7. Jh.). Was die Bedeutung des Tierkreises in den Synagogen betrifft, neigen wir zur Theorie Avi-Jonas. Ihr entsprechend kommt dem Tierkreis die Bedeutung eines Kalenders zu, der die Gemeinde an den Jahreszyklus der Feste und die täglichen Gebetszeiten durch künstlerische Ausdrucksmittel erinnert. Hierzu der Beitrag von Rachel Hachlili in «Ariel» Nr. 47, S. 55–64, Jerusalem 1978. Abschliessend sei hier bemerkt, dass auch Schelomo Ibn Gabirol (1021/22–1057/58) in seinem grossen religiösen Poem «Königskrone» das 22. Kapitel dem Tierkreis gewidmet hat. Diese Dichtung, «Keter Malchut» ist in die Liturgie des Jom Kippur aufgenommen worden.

2 Ps 104, 19.

Geburt an Belasteten, die sich ihm gleich erneuern werden und ihren Schöpfer verherrlichen ob der Ehre seines Reiches.»[3]

Während der Schabbat eher ein statisches Gefüge darstellt, das unmittelbar auf die Schöpfung zurückgeht[4], tragen die Feste einen mehr dynamischen Charakter. Die höchste geistige Stellvertretung Israels setzt sie immer wieder ein in Korrespondenz mit der Erneuerung des Mondes. Ihre Motivierung erhalten die Festzeiten von überragenden historischen Ereignissen, die zu Leitbildern für das Bundesverhältnis zwischen Israel und Gott werden. Hierbei werden die Feste zu Trägern von Grundideen, die Israel und der Welt einen Weg vorzeichnen. Da ist Pessach mit dem Auszug aus Ägypten als Mahnmal der Freiheit auf die auch der als Sklave Geborene den gleichen Anspruch hat. Da steht Schawuot mit der sinaitischen Offenbarung einer ethischen Menschheitsordnung. Rosch Haschana und Jom Kippur vertreten die Kraft der Umkehr und Versöhnung. Sukkot demonstriert ein friedliches, auf Vertrauen begründetes Überleben innerhalb harter, lebensfeindlicher Umweltsbedingungen in der Wüste. Chanukka und Purim treten ein für den ewigen Bestand des jüdischen Volkes in Erez Israel und seine Existenz in der Gola. Die Trauer – und Fasttage erinnern daran, dass Israels Sonderstellung über Leid und Katastrophen führt und durch die eigene innere Erneuerung immer wieder errungen werden muss.

3 Segensspruch – Beracha – beim Anblick des Neumondes.
4 Gen 2, 1–3. Chul 101b «Schabbat Kewia Wekaima».

Natürliche, geschichtliche und kosmische Bezüge haben ein Festsystem geschaffen, das ein Gebäude von methodischer Geschlossenheit und ideeller Begründung darstellt, hinter der ein Reichtum der Überlieferung von Gesetz und Brauch – Halacha und Minhag – nicht zurückstehen und eher noch übertroffen werden von der Vielfalt und Gegenwärtigkeit lebendiger und lebensbewusster Feier.

So bilden die Festtage ein Kaleidoskop von existentiellen Grundideen, die das jüdische Volk in seinem Innern bewegen und in der überlieferungsgebundenen Feier ihren unsterblichen Ausdruck finden.

I.

ZEIT DER FREIHEIT:

SEMAN CHERUTENU

Schabbat Hagadol, historische Ergänzung zum Schabbat der Schöpfung

Unter den besonders gekennzeichneten Schabbatot des jüdischen Jahres ragt der Schabbat vor Pessach als Schabbat Hagadol hervor. Womit hat sich dieser Schabbat das Epitheton der Grösse «Hagadol» errungen?

Als Motivierung werden vor allem zwei Gründe angegeben. Der eine nimmt Bezug auf den vorletzten Vers der Schabbat Hagadol-Haftara[1], in dem der Tag des göttlichen Gerichtes – der Jom Haschem – als Gadol beschrieben wird. Der andere stellt eine Verbindung her mit dem Nes Gadol, dem grossen Wunder, das an diesem Schabbat, der dem Auszug aus Ägypten voranging, geschah. Letztere Begründung geht auf eine talmudische Überlieferung zurück und wird sowohl von den Tossafisten[2] diskutiert, als auch in dem Raschi zugeschriebenen «Sefer Hapardes» dargelegt.

Die beiden angeführten Gründe sind auch grammatikalisch einwandfrei: Das maskuline Adjektiv «Gadol» bezieht sich in beiden Fällen nicht auf das feminine Substantiv

1 Haftara, zusätzliche Vorlesung eines Prophetenabschnitts im Anschluss an die allsabbatliche Vorlesung des Wochenabschnittes – Sidra oder Paraschat Haschawua. Dem Schabbat vor Pessach ist das dritte Kapitel des Propheten Malachi, beginnend mit dem vierten Vers gewidmet.

2 Zu Schab 87b, Beginn: Weoto Jom Chamischi Beschabbat Haja –. Die Tossafisten sind die Verfasser der Tossaphot, wörtlich: Zusätze, die eine umfassende Sammlung von vergleichenden Erläuterungen zum babylonischen Talmud darstellen. Die Tossafisten bilden eine Gelehrtenschule Nordfrankreichs und Westdeutschlands, deren Gründer Raschis Enkel, Samuel Ben Meir, Rabbenu Tam und Isaak Ben Meir sind. Die Kommentare der Tossafisten begleiten, wie Raschis Kommentar, den Text aller gedruckten Talmudausgaben Seite für Seite und sind bis heute die grundlegenden Erklärer für ein fundiertes Talmudstudium.

«Schabbat». Trotz dieser sprachlichen Exaktheit war man mit diesen Erklärungen nicht ganz befriedigt und man suchte eine direkte Verbindung zwischen Schabbat und Gadol herzustellen.

Aus den verschiedenen Versuchen wollen wir die Begründung entwickeln, die einen inneren Zusammenhang zwischen Pessach und Schabbat findet. Dabei darf der grammatikalische Einwand kein Hindernis bilden, denn bei genauer Prüfung stellt es sich heraus, dass auch Schabbat im Maskulinum gebraucht wird[3]. Man kann also ohne mit der Grammatik in Konflikt zu geraten, das maskuline Gadol getrost auf Schabbat beziehen. Damit wird aber dieser Schabbat als Gadol ausgezeichnet.

Worin besteht nun das Besondere, das diese Charakteristik des Schabbats rechtfertigt? Für die gesamte Schabbatgesetzgebung gibt uns die Tora zwei fundamentale Sinndeutungen. In der ersten Version der zehn Gebote heisst es: «Denn sechs Tage hatte Gott den Himmel und die Erde, das Meer und alles, was in ihnen ist, gebildet, als er mit dem siebten Tage ruhte»[4]. Dagegen motiviert die zweite Fassung in Waetchanan[5] «Denke, dass du im Lande Ägypten Sklave warst, als dich Gott, dein Gott, von dort mit starker Hand und mit gestrecktem Arm hinausführte. Darum hat dir Gott, dein Gott, geboten, den Schabbat in Tat zu begehen[6].»

3 Siehe Ex 20, 8: Haschabbat Lekaddscho, Jes 56, 2 Schabbat Mechallelo und Jes 66, 23 Schabbat Baschabbato.

4 Ex 20, 11.

5 Zweiter Wochenabschnitt des fünften Buches der Schrift. Dtn 3, 23 – Dtn 7, 6.

6 Dtn 5, 15.

Während die erste Begründung auf die Weltschöpfung zurückgeht, führt die zweite die Befreiung aus ägyptischer Versklavung als Motivierung der Schabbatgesetze an. Der Zusammenhang zwischen der Heiligung des Schabbats und Pessach ist damit hergestellt. Eine der Hauptwurzeln des mächtigen Schabbatstammes bildet die Befreiung aus ägyptischem Sklaventum. Das historische Ereignis radikaler Loslösung von Sklavenfesseln mit dem klaren entschlossenen Blick zum Sinai und nach Jeruschalajim gerichtet, verleiht dem Schabbat der Schöpfung, dem Schabbat Bereschit, eine komplementäre Zielsetzung. Schabbat Bereschit, der ursprüngliche Schabbat, erhält einen zusätzlichen Sinn. Der Schabbat der Weltschöpfung wird zugleich zum Schabbat der jüdischen Volksschöpfung. Damit wird Schabbat Bereschit zum allwöchentlichen Zeugnis der historischen Gründung des jüdischen Volkes. Zu dem ursprünglichen Schabbat der Schöpfung gesellt sich eine neue Komponente in der Gestalt des Freiheitselements, mit welchem Pessach die Menschengeschichte bereichert.

Dieses Pessachmoment, das seit dem 10. Nissan[7] des Auszugsjahres aus Ägypten in jedem Schabbat liegt, soll am Schabbat vor Pessach besonders intensiv das jüdische Be-

7 Nissan ist der erste Monat des jüdischen Jahres. In der Tora heisst er Monat des Frühlings. Ex 13, 4. Nach jüdischer Überlieferung fiel der 10. Nissan im Jahre des Auszugs aus Ägypten auf einen Schabbat. Das Gebot, sich am 10. Nissan ein Lamm, das in Ägypten als Gottheit verehrt wurde, als Opfer vorzubereiten, – Ex 12, 3 – bedeutet einen Affront gegen die Ägypter. Dass sie diese Erniedrigung schweigend hinnahmen, ist das grosse Wunder dieses bedeutsamen Schabbat, des 10. Nissan.

wusstsein beherrschen. Schabbat, der jetzt nicht nur die göttliche Schöpfung in Freiheit verkündet, sondern auch als Zeuge der Freiheit der Persönlichkeit und der Völker auftritt, wird hiermit zum Schabbat Hagadol, zum Schabbat der «grossen» Botschaft an die Welt.

Durch Schabbat Hagadol, mit der neuen Bedeutung des Schabbat, kommt die privilegierte Stellung des Schabbats erst zur vollen Geltung. Schabbat führt den Reigen der mit Pessach beginnenden Feste. So geht der Schabbat in dem Kapitel der jüdischen Feste dem gesamten Festeszyklus voraus. Nach einem einleitenden Satz über Gottes Moadim[8], die als Berufung zum Heiligtum verkündet werden sollen, folgt dann wider Erwarten eine Beschreibung der Schabbatverpflichtung mit den Worten: «Sechs Tage soll Werk geschaffen werden und am siebenten Tage ist der Schabbat der Werkeinstellung[9]. . .» Ohne Schabbat keine jüdischen Feste. Wer sie feiert, ohne die Grundlage des Schabbats anzuerkennen, der hat auch den Sinn der jüdischen Feste nicht begriffen. Wo nicht mit dem Schabbat angefangen wird, wo der Schabbat nicht zum Jom Techilla, zum Tage wird, der an der Spitze steht – wie der Schabbatkiddusch[10] das ausdrücklich betont – da können auch keine echten jüdischen Feste gefeiert werden.

8 Festzeiten – Moadei Haschem; Lev 23, 2.

9 Lev 23, 3.

10 Kiddusch bedeutet Heiligung. Es bezeichnet ein Huldigungsgebet zur Weihe des Schabbat und der Festtage. Es wird über einen Becher Wein gesprochen und geht dem feierlichen Festmahl – Seuda – voraus. Der erwähnte Jom Techilla steht im Kiddusch für den Eingang des Schabbats.

Während nun der Rambam (Maimonides) in seinem grossen philosophischen Werke, dem More Newuchim[11], die doppelte Begründung des Schabbats unterstreicht, sieht der Ramban (Nachmanides) hier keine zwei grundsätzlich voneinander verschiedenen Motivierungen. Der Schabbat der Schöpfung erhält seine Bestätigung in der Zeit durch den in den Lauf der Geschichte eingreifenden Gott, der damit den Bore Olam, den Allmächtigen der Schöpfung bestätigt. Nachmanides formuliert das sehr scharf: «Der Schabbat ist ein Denkmal des Auszuges aus Ägypten und der Auszug aus Ägypten ein Denkmal des Schabbats[12].» Derselbe Gott der Geschichte, der das Pessachwunder vollbracht hat, ist auch der Gott des Schöpfungswunders! Für Nachmanides ist der Auszug aus Ägypten eine einmalige Kundgebung desselben Schöpfergottes, der den Menschen die Freiheit verbürgt. Kenesset Israel, das jüdische Volk in seiner Berufung als Gottesvolk, wird durch die Befreiung aus ägyptischer Versklavung zum vollwertigen Partner des die Freiheit proklamierenden Schabbats[13]. Maimonides sieht in der absoluten Einstellung jeglicher Arbeit am Schabbat eine Demonstration gegen die Versklavung des Menschen durch die Arbeit. Er begreift dies als ein neues Element, das zur Heiligkeit des Schabbats als

11 Führer der Irrenden 2, 31. Ausg. Kafach S. 239.

12 Dtn 5, 5. In der Ausgabe Chavels, Mossad Haraw Kook, Bd. 2, S. 367.

13 Ebd. und vor allem Ber R 11, 8. Ausg. Mirkin Bd. 1, S. 80. Ferner Raw Hamnunas Ausspruch in Schab 119b: «Wer beim Eingang des Schabbats 'Wajechullu' – so wurden vollendet – betet, dem rechnet es der Schriftvers an, als wäre er mit dem Heiligen, gelobt sei Er, beim Schöpfungswerk beteiligt.»

ständige Erinnerung an die Schöpfung die soziale Forderung des freien Menschen verkündet.

Die besondere Bedeutung des Pessachgedankens findet auch ihren Niederschlag in der Forderung des Talmuds[14], den Auszug aus Ägypten auch in jedem Kiddusch zu erwähnen. Für Raw Acha Bar Jaakow bildet die Befreiung aus der Sklaverei eine zusätzliche Komponente zu der allsabbatlichen Verkündung des Schöpfergottes und gehört damit zum Fundament, mit dem der Schabbat steht und fällt.

Schabbat und Pessach treffen sich im Freiheitsgedanken und in der Erlösung des Menschen. Wenn die Freiheitsbotschaft des Schabbat Hagadol von dem jüdischen Volke in seiner Ganzheit begriffen und verwirklicht wird, dann besitzen wir die vollkommene Reife für die Erlösung – Mijad Haju Nigalin[15].

14 Pes 117b: «Bei der Heiligung des Tages gedenke man des Auszugs aus Ägypten. Denn hier (beim Auszug) Dtn 16, 3 heisst es: 'Damit du des Tages deines Auszugs aus dem Lande Ägypten alle Tage deines Lebens gedenkest,' und dort (beim Schabbatgebot) Ex 20, 8 heisst es: 'Denke daran den Schabbat zu heiligen'.»

15 Der Ausspruch lautet: Rabbi Jochanan sagt im Namen Rabbi Schimon Bar Jochais, «Hätte Israel zwei Sabbate nach Vorschrift gehalten, so wären es sofort erlöst worden.» Schab 118b.

Ein Weg zum Freiheitsbewusstsein

Es liegt in unserer Zeit ein Trend, jegliche Unterschiede in der Natur zu verwischen. So neigt man auch dazu, menschliche Regungen und Gefühle auf die Tiere zu übertragen. Man vergisst aber, dass man dabei weniger von den Prinzipien des Tierschutzes, des Zaar Baalei Chajim[1] ausgeht als vielmehr von einem dunklen Gefühl – nennen wir es ruhig Jezer Hara[2] – das bestrebt ist die Schwächen des Menschen mit seiner Tiergleichheit zu entschuldigen. Aber nicht in dieses Problem, das psychologisch, moralisch und religiös betrachtet von grosser aktueller Bedeutung ist, wollen wir uns jetzt vertiefen.

Eines steht sicher fest: Das Tier hat kein Gedächtnis für das Geschehen, für das Vergangene; exakter ausgedrückt, das Tier hat kein Bewusstsein der Vergangenheit. Vom Menschen aber kann man sagen, dass das Vergangenheitsbewusstsein eines der typischen Merkmale ist, die den Menschen erst zum eigentlichen Menschen machen. Als Juden können wir wohl sagen: Ohne unser hochentwickeltes Gedächtnis und ohne Kultivierung der schöpferischen Kraft des Gedächtnisses, können wir uns überhaupt kein Judentum vorstellen. Judentum beruht auf Achtung und Schätzung der

1 Tierschutz, wörtlich: «der Schmerz lebender Wesen». Der Tierschutz ist ein Gebot der Tora. Siehe BM 32aff.; Schab 128b; Sch A, ChM 272, 9 und das Kapitel 60 von Samson Raphael Hirschs Chorew. Dieses Kapitel trägt den Titel «Achtung des Gefühls und Triebes der Tiere» und spricht vom «Recht der Tiere» und von der «Pflicht der Liebe gegen leidendes Tier». Siehe ferner Kom Ex 23, 5 S. 303 und Kom Lev 24, 21 S. 557.

2 Die Neigung zum Bösen im Gegensatz zu dem Jezer Hatow, dem Streben nach dem Guten.

Vergangenheit und Dankbarkeit für die Institutionen und die entscheidenden Ereignisse unserer Vergangenheit. Dem Erinnerungsvermögen steht aber natürliche Vergesslichkeit und bewusstes Vergessen gegenüber. Es besteht auch im Menschen eine Neigung, übermächtigen neuen Eindrücken von Ereignissen den Vorrang zu geben, und die alten hingegen unbarmherzig von dem Strudel der Vergessenheit mitreissen zu lassen. Unsere Weisen formulierten diese psychologische Tatsache mit den Worten: Zarot Acharonot Meschakkchot et Harischonot. «Die letzten Katastrophen lassen die früheren in Vergessenheit geraten[3].»

Sie illustrieren dies mit einer Parabel von einem Menschen, der nacheinander von einem Wolf, einem Löwen und einer Schlange bedroht wird, und immer wieder eine wunderbare Rettung erfährt. Aber der starke Eindruck der bereits erfahrenen Rettung überdauert nicht das Erlebnis der Befreiung aus der akuten Gefahr. Das Gefühl, dem Schlangenbiss entronnen zu sein, lässt das drohende Brüllen des zum Angriff bereiten Löwen und die fletschenden Zähne des ausgehungerten Wolfes in vollkommene Vergessenheit geraten. Gegen diesen natürlichen Vergesslichkeitsprozess hat die Tora selbst Denksteine der Erinnerung errichtet: Secher Lijziat Mizrajim nennt sie es, Erinnerungszeichen an den Auszug aus Ägypten. Immer wieder erscheint dieser Hinweis der Tora, der als Motivierung wichtiger Gebote durch den Satz erweitert wird.: Lemaan Tiskor et Jom Zetcha Meerez Mizrajim . . . «damit du dich erinnerst an den Tag deines Auszuges aus dem Lande Ägypten alle Tage deines Lebens[4]».

3 Ber 13a.
4 Dtn 16, 3.

Verpflichtung

Gewisse Gesetze sind nur damit begründet, dass sie die Erinnerung an den Auszug aus Ägypten für alle Zukunft dem geschichtlichen Bewusstsein wachhalten sollen. Hier liegt, nach Ben Soma[5] auch der Verpflichtungsgrund für die Haggada[6], die Verpflichtung, sich in der Sedernacht[6] ausführlich in das gesamte Geschehen im Zusammenhang mit dem Auszug zu vertiefen. Je mehr, desto lobenswerter. Kol Hamarbe Lessapper Bijziat Mizrajim Harei Se Meschubbach[7]; lobenswert ist derjenige, der sich lang und ausführlich mit der Erzählung des Auszugs befasst.

Begrenzt wird diese Mizwa[8] des sich Versenkens in die Probleme des Auszugs nur durch die herannahende Morgenstunde, die dem Kriat Schema Schel Schacharit[9] gewidmet ist. Die Haggada unterstreicht dies durch den kurzen Bericht

5 Lehrer der Mischna, Tanna, und Zeitgenosse Rabbi Akibas. Zweites Jahrhundert. Einer der vier Weisen, die auch mystische Sphären zu erschliessen wagten. Chag 14b, J, Chag 2, 1 S. 17 Ausg. Rubinstein, Jerusalem 1973.

6 Verkündung, Bericht. Erzählung vom Auszug aus Ägypten – Ex 13, 8 – die in bestimmter Ordnung – Seder – die feierlichen Handlungen und das gemeinschaftliche Festmahl der ersten Pessachnacht vom 14. zum 15. Nissan umrahmt. Die Haggada ist eine Zusammenstellung biblischer, talmudischer und midraschischer Texte. Künstlerisch ausgeschmückte Haggada-Handschriften besitzen wir bereits aus dem 13. Jahrhundert.

7 Schlusssatz des Abschnittes der Haggada, der mit Awadim Hajinu, Knechte waren wir, beginnt.

8 Gebot.

9 Teil des täglichen Morgengebets, in dessen Mittelpunkt das Schema Jisrael, höre Israel, steht.

einer denkwürdigen Sedernacht, wahrscheinlich zur Zeit des Bar Kochba-Aufstandes in Bene Berak[10]. Erst als die Schüler in früher Morgenstunde an das Kriat Schema Schel Schacharit ermahnten, liessen sich die fünf grossen Tanaím, Rabbi Elieser, Rabbi Jehoschua, Rabbi Elasar ben Asarja, Rabbi Akiba und Rabbi Tarfon aus ihren Diskussionen und vertiefenden Auseinandersetzungen über Jeziat Mizrajim[11] unterbrechen.

Bei den Zeiten des Messias

Während aber Ben Soma die Mizwa, Lessapper Bijziat Mizrajim[7], auf die Dauer des Galut[12] beschränkt, sehen die Weisen – Chachamim – in dem erweiternden «Kol»[13] eine Ausdehnung der aktiven Erinnerung an Jeziat Mizrajim über das Galut hinaus bis Jemot Hamaschiach, bis zu der messianischen Zeit. Damit ist die zeitlose Aktualität für die Erlösung aus Ägypten ausgesprochen. Der gesamte Komplex des Aus-

10 Befreiungsaufstand gegen das römische Imperium, angeführt durch die Heldengestalt des Bar Kochba, 132–135. Anlass des Aufstandes war Hadrians Entschluss, das immer noch verwüstete Jerusalem in eine römische Militärkolonie, Aelia Capitolina, gekrönt von einem Jupitertempel, umzuwandeln. Bene Berak gehörte in biblischer Zeit zu dem Stammgebiete Dans. Nach der Zerstörung des zweiten Tempels bildete Bene Berak ein Zentrum jüdischen Lernens unter Rabbi Akibas Führung. Die denkwürdige Sedernacht in Bene Berak, von der die Haggada berichtet, stand möglicherweise im Zusammenhang mit Rabbi Akibas ursprünglicher Unterstützung Bar Kochbas.

11 Auszug aus Ägypten.

12 Exil.

13 In Dtn 16, 3. Kol, alle – Kol Jemei Chajecha – «alle» Tage deines Lebens. Hierzu Ber 12b.

zuges bleibt massgebend und richtungsweisend auch in einer Epoche, die bereits die endzeitliche Erlösung einleitet, eine Ära, die durch die definitive Aufhebung des Schibbud Malchiot, der politischen Abhängigkeit Israels von den Mächten der Welt gekennzeichnet ist[14]. «Schmuel sagte 'Es besteht keine andere Unterscheidung zwischen dieser Welt der Gegenwart und dem vom Maschiach geprägten Zeitraum der Zukunft als in der sklavischen Abhängigkeit von den Mächten der Welt'[15].»

Das bedeutet aber nichts anderes als, dass im Aeon der letzten Erlösung, in der das jüdische Volk in seiner Ganzheit staatliche und nationale Unabhängigkeit geniesst, der Auszug aus Ägypten als immerwährende religiöse Verpflichtung und als aktives Erinnerungsmittel zeitloser Bedeutung auch weiterhin seine national-pädagogische Aufgabe besitzt.

Indem die Hauptidee von Pessach, der Cherutgedanke, damit aus dem Politischen heraustritt, gewinnt sie neue Dimensionen auf dem Gebiete der persönlichen und sittlichen Freiheit. Ejn Lecha Ben Chorin Ella Mi Scheossek Batora. Nur derjenige, dessen Sinnen und Trachten der Beschäftigung mit der Tora gilt, kann sich wahre Freiheit aneignen. Die Vorherrschaft der ethischen Freiheit wird klar in der zweiten Mischna des sechsten Abschnitts der Pirkei-Awot, der Sprüche der Väter – ausgesprochen. Die Zehn Gebote waren in göttlicher Schrift in den Tafeln eingraviert: Charut Al Haluchot[16]. Die Mischna interpretiert: Al Tikra «Charut» Al Ha-

14 MiT, Hilchot Melachim des Maimonides 12, 2.
15 Ber 34b.
16 Ex 32, 16.

luchot Ella «Cherut» Al Haluchot. «Lies nicht – auf den Tafeln des Bundes eingraviert sondern – Freiheit durch die Bundestafeln!» Die deutende Leseänderung unterstreicht die zu gewinnende innere Freiheit durch das göttliche Gesetz. Frei ist nur der, der sich dem Studium und der Erkenntnis des Gesetzes in Freiheit hingibt.

Überwindung sklavischer Gebundenheit

Aus dieser positiven Formulierung ergibt sich aber: Wer sich nicht mit der Tora beschäftigt, der bleibt unfrei, der verbringt sein Leben in sklavischer Gebundenheit. Im Midrasch[17] wird das so ausgesprochen: Wer sich nicht beständig mit der Tora beschäftigt, der ist tadelnswert und aus der göttlichen Nähe zurückgewiesen. Das Gleiche steht auch in der bereits erwähnten Mischna, nur dass der Midrasch das Wörtchen «Tadir» –, beständig – hinzufügt. Auf dies kommt es aber gerade an! Das jüdische Lernen hat nur dann wirklich Wert, wenn es regelmässig und stetig ausgeführt wird, und nicht der Zufälligkeit eines Gelegenheits«hobby» überlassen wird. Andeutend liegt dies ja in der gewissenhaften Genauigkeit, mit der wir das Chamez[18] suchen sollen. Innere Freiheit erreicht der Mensch erst mit vollständiger Vernichtung seiner Sklavennatur. Chamez weist auf den Jezer Hara, die Instinktge-

17 Schem R 41, 7.

18 Gesäuertes – im Gegensatz zum Ungesäuerten, Mazza. Bedikat Chamez, das Gebot des Chamezsuchens findet zu Beginn der Nacht des 13. zum 14. Nissan statt. Hierzu Ex 12, 5; Pes 2–11b. Die grosse Bedeutung, die diesem Gebot beigemessen wird, ergibt sich auch aus der ausführlichen Behandlung in der Gesetzespraxis, Schu A, Or Ch 431–445.

bundenheit hin. Man hat seiner Pflicht nicht genügt, bis man den Knechtgeist in sich vollständig zerstört hat. Ein «Bittul Schebalew Uwittul Bemaasse» – eine Beseitigung sowohl aus dem Herzen als auch im praktischen Handeln – ist notwendig. Mit dem nur äusserlichen Putzen und Reinemachen ist es nicht getan. Das so manchem Fernstehenden übertrieben anmutende «Federchensuchen» der Mizwat Bedikat Chamez schafft es auch noch nicht. Erst mit dem Verbrennen ist der konkrete «Biur» – die Vernichtung – vollendet. Tritt aber nicht zu diesen Handlungen noch der Bittul Schebalew, der innere Entschluss, sich von jeglicher Chamez vollständig loszusagen, so hat man die Mizwa nicht vollkommen erfüllt. Man wird nicht frei, man bleibt versklavt. Für die praktische Erfüllung der Mizwa ist es darum von Bedeutung, dass man nach der Bedika und nach dem Verbrennen das «Kol Chamira»[19] sagt, in dem von der totalen Absage vom Chamez die Rede ist. Das Chamez wird vollkommen preisgegeben, und dem Staube des Erdbodens gleich betrachtet. Die damit angedeutete Vernichtung des Schlechten und Verachtungswürdigen wird in einem inhaltsreichen Gebet ausgedrückt. In diesem «Jehi Razon» heisst es, (frei wiedergegeben): «Den Geist sklavischer Gebundenheit vertilge von der Erde. Hilf uns, den Geist der Unfreiheit und Triebhaftigkeit zu überwinden!»

Damit gelangen wir zum Ausgangspunkt unserer Betrachtung: Pessach, das Fest der Freiheit beginnt mit Bedikat Chamez, mit der gewissenhaften Durchleuchtung des eigenen In-

19 Jeglicher Sauerteig und alles Gesäuerte . . . soll dem Staub der Erde gleich sein.

neren und verlangt eine radikale Überwindung jeglicher Unfreiheit des eigenen Ich. Nur dieser persönliche immerwiederkehrende Befreiungsakt des Individuums bildet die Voraussetzung zu der staatlichen-politischen Freiheit des Volkes in der Zukunft.

II.

ERSTE ZWISCHENZEIT:

JEMEI HASSEFIRA

Im Zeichen des doppelten Zählens

Wir stehen im Zeichen des doppelten Zählens: Sefirat Haomer, das Omerzählen[1], und Minjan Benei Jisrael, die Zählung des jüdischen Volkes in der Wüste Sinai im zweiten Monat des zweiten Jahres nach dem Auszuge aus Ägypten.

Sefirat Haomer kommt mit dem Schawuot-Fest, dem fünfzigsten Tage nach der Darbringung des Omer, der Huldigungsgabe des Erstlingsschnittes von der neuen Getreideernte am 16. Nissan, zum Abschluss. Von der Zählung Israels berichtet die Sidra Bamidbar[2], und die darauffolgende Sidra Nasso[3]. Vier relativ grosse Kapitel des Buches «Bamidbar», das auch «Chomesch Hapekudim»[4], Buch der Gezählten genannt wird, befassen sich mit der Zählung des jüdischen Volkes.

Das Zählen kann Ausdruck der Unsicherheit und der Angst vor der Zukunft sein. Man sucht Sicherheit, und man

1 Das Zählen beginnt am zweiten Tag Pessach, am 16. Nissan mit der Darbringung der ersten Gerstengabe, Omer, und endet am Vorabend des Wochenfestes, am 5. Siwan. Das Gebot der Tora erstreckt sich auf eine Periode von sieben mal sieben Sabbatwochen, Lev 15, 15f. Hierzu Men 64a–72b und Sch A, Or Ch 489, 1–9.

2 Erster Wochenabschnitt des vierten Buches, Num 1–4, 20. Die fünf Bücher der Tora sind in 54 Wochenabschnitte eingeteilt, die im sabbatlichen Gottesdienst feierlich verlesen werden. Dieser Zyklus beginnt mit dem ersten Schabbat, Schabbat Bereschit, und endet mit der letzten Sidra der Tora, Wesot Habracha, am Simchat-Torafeste. Bei der Einteilung der Wochenabschnitte wird darauf geachtet, dass die Sidra Bamidbar – «In der Wüste» – vor Schawuot, dem Wochenfeste verlesen wird. Hier liegt der Ausgang unserer Betrachtung.

3 Zweiter Wochenabschnitt des vierten Buches, Num 4, 21–7, 89.

4 Chomesch: der fünfte Teil. Hier der fünfte Teil des Pentateuchs, das heisst jedes Buch des Fünfbücherbuches. Chomesch Hapekudim bezeichnet das Buch Numeri. Sot 36b.

will sich auf genaue Fakten stützen. Darum bedient man sich des Zählungsverfahrens, um sich Klarheit zu verschaffen. So nimmt man Objekte vom Hab und Gut in präzisen Zahlen auf, und hält den Bestand an Menschen nach bestimmten Kriterien fest. Dieser Vorgang des Zählens zeugt sicher von Ordnungssinn, aber auch oft von Kleinmut, grenzt an mangelhaftes Vertrauen und kann zu einem Verhalten führen, das wir als Sünde charakterisieren. Die negative Beurteilung der menschlichen Neigung zur zahlenmässigen Fixierung wird von Rabbi Jizchak im Talmud durch folgenden Ausspruch festgehalten: «Der Segen manifestiert sich nur in Dingen, die dem Auge verhüllt sind[5].» Dagegen erfordert die quantitative Bestandesaufnahme ein kurzes Gebet und einen Segensspruch[6]. Dieser Segensspruch ist aber nur geboten, solange die quantitative Bestimmung noch nicht stattgefunden hat. Wenn aber das Gewicht, das Mass, oder die Zahl bereits festliegen, und man erst dann die Beracha[7] spricht, «so ist dies ein vergebliches Gebet, Tefillat Schaw[8], denn der Segen

5 BM 42a und Taan 8b.

6 Wer im Begriffe ist, den Ertrag seiner Tenne zu messen, spreche: «Möge es Dein Wille sein, Gott unser Gott, dass Du Segen spendest im Werke unserer Hände.» Hat er zu messen begonnen, spreche er: «Gepriesen sei Er, der diesem Getreidehaufen Segen verleiht.» ebd. und Sch A, Or Ch 130, 2.

7 Segensspruch.

8 Ein Gebet, das die Veränderung bereits eingetretener Tatsachen erfleht. Hierzu vor allem Ber 54 «Wer betet über das in der Vergangenheit bereits Geschehene, verrichtet ein eitles Gebet.» Nach Rabbi Elija aus Wilna – der berühmte Wilnaer Gaon, (1720–1797) ist darin auch ein Gebet einbegriffen, das eine Veränderung des natürlichen Verlaufs der Dinge erbittet, also ein Wunder erfleht. Hierzu Ber 60a.

ist weder in einer gewogenen noch in einer gemessenen, noch in einer gezählten Sache wirksam, sondern nur in Dingen, die dem menschlichen Auge verborgen sind»[9].

Hat diese Zurückhaltung gegenüber einer zahlenmässigen Bestandesaufnahme ihren Grund in dem Tora-Gesetz, welches das Zählen der Söhne Israels an eine Hebe für Gott zur Sühnung knüpft? Fordert doch die Tora «Wenn Du die Gesamtsumme der Söhne Israels nach ihren Gezählten aufnimmst, soll jeder von ihnen eine Sühne seiner Person geben, indem man sie zählt, so wird kein Sterben unter ihnen sein, indem man sie zählt»[10].

Ist nicht die grosse Volkszählung, die König David durch seinen Heerführer Joab durchführen liess von Dan bis Beer Schewa und fast zehn Monate dauerte, dem König zum Verhängnis geworden, als unmittelbar danach 70 000 Menschen von der Pest dahingerafft wurden[11]?

Die Zählung an sich ist nicht von der Tora verboten. Das Zählen muss aber einem höheren Ziel unterstellt werden und auch dann ist sie nur als indirekte Zählung gestattet. Gegenstände des Besitzes und selbst die Menschen in ihrer quantitativen Akkumulation sind Symbole rein materieller Bedeutung, Zeichen des Reichtums und der Macht. Wer aber zu Pekudei Benei Jisrael[12] gerechnet werden will, tritt mit diesem Anspruch in einen höheren Lebenskreis und nur zu diesem Zweck, zur Einbeziehung in die Gesamtheit der jüdi-

9 BM 42a, Taan 8b.
10 Ex 30, 12.
11 II Sam 24.
12 Num 2, 32.

schen Nation als Träger einer Idee, wird die Zählung gestattet, aber nicht zur Demonstration zahlenmässiger Überlegenheit.

Rabbi Levi Ben Gerschon[13] sieht Davids Sünde bei der erwähnten Zählung darin, dass er sich auf menschliche Kraftentfaltung in der Masse des Volkes verlassen wollte und damit Mangel an Vertrauen auf Gott bezeugte[14].

Es besteht demnach ein Zählen, das in sich eine Gefahr birgt. Wir kennen in der Tora aber auch Zählungen, die Ausdruck einer engen Verbundenheit mit dem Göttlichen sind. So beginnt Raschi[15] seinen Kommentar zu Bamidbar: «Weil Gott sie liebt, zählt Er sie zu jeder Stunde. Als sie aus Ägypten zogen, zählte Er sie. Als viele durch das Goldene Kalb gefallen waren, zählte Er sie, um die Zahl der Überlebenden festzustellen. Als Er seine Schechina[16] auf ihnen ruhen liess, zählte Er sie. Am ersten Nissan wurde das Heiligtum errichtet und am ersten Nissan wurde eine Volkszählung durchgeführt.» Die Statthaftigkeit der Volkszählung lässt sich mit der Rechtmässigkeit des Opfers vergleichen. «Gott wandte sich zu Hewel und seinem Opfer, aber zu Kain und seinem Opfer wandte Er sich nicht[17].» Nur allzu leicht führt die subjektiv gut gemeinte Handlung in den Abgrund. Jeglichem Abwei-

13 Bekannt auch als Gersonides und Ralbag = Rabbi Levi Ben Gerschom (1288–1344) Geb. in Bagnol-sur-Cèse, lebte in Orange und kurze Zeit in Avignon. Bibelexeget, Mathematiker, Astronom und Philosoph.

14 Zu II Sam 24, 1. «Haja Sam Bassar Seroo, Bewitcho Al Row Haam.»

15 Rabbi Schelomo Jizchaki (1040–1105), hervorragender Bibel- und Talmudkommentator.

16 Die göttliche Anwesenheit unter den Menschen.

17 Gen 4, 4–5.

chen von der objektiv festgelegten Norm droht das Abgleiten in den Mythos und ins Magische. Opfer aus rein persönlichen Motiven dargebracht, Volkszählung auf eigene Faust durchgeführt haben keine Berechtigung im ethischen Bereich des Jüdischen. Sie können sogar zur Todessünde werden, wie im Falle von Ahrons Söhnen, Nadaw und Awihu, und führen zu Tod und Vernichtung wie bei der Volkszählung durch David.

Die Zählung der Menschen birgt aber noch eine andere Gefahr in sich, die gerade heute in unserer hochtechnisierten Gesellschaft akut wird: Die Zählung führt zu einem Nivellierungsprozess. Die Gezählten versinken in die Anonymität der scheinbaren Gleichheit. Der Einzelne verliert jegliche Persönlichkeit und wird zur starren Zahl, zum Statisten.

Aber die Zählung lässt sich auch in positiver Richtung verfolgen. Die Zahl hat die Aufgabe einer Distinktion. Der Gezählte hebt sich von dem Nichtgezählten ab. Die Zahl hat einen Stellenwert und verleiht dem Gezählten einen Eigenwert. Viele Zahlen besitzen dazu noch eine besondere Aussagekraft durch ihre symbolische Bedeutung. Die Macht der Zahl hat auch in der praktischen Halacha ihren Niederschlag gefunden: Kol Dawar Schebbeminjan Ejno Batejl. (Bez, 3b). Das Zählbare geht nicht unter, geht nicht in der Majorität auf. Es behält seinen Eigencharakter.

Das durch den erhebenden Akt der Zählung in eine Einheit von 60 Myriaden verbundene Volk erhält Würde und Bedeutung, die von ewiger Dauer sind[18]. Das jüdische Volk

18 Siehe Schelah S. 346–47 Ausgabe Frankfurt a.d. Oder, 1717. Sch-l-h sind die Initialen des Hauptwerkes des Rabbi Jeschaja Ben Abraham

ist innerhalb der Völker immer in Gefahr, entweder durch Gewalt vernichtet zu werden, oder durch Gleichschaltung und Assimilation den langsamen, sanften aber um so sicheren Volkstod zu erleiden. Vor einer solchen Gefahr soll es der Akt der Zählung bewahren.

Das jüdische Volk hat einen Auftrag innerhalb der gesamten Menschheit. Der Auftrag der Schawuot-Botschaft, der vom Sinai her in die Welt klingt. «Ihr sollt mir werden ein Reich von Kohanim[19] und ein heiliges Volk!» Fern davon, sich dem Moloch der Assimilation zu weihen, soll Gottes Volk die Menschheit und die Welt heiligen. «Das ist ein Volk, gesondert wird es wohnen, und unter die Völker sich nicht rechnen[20].» Dieser prophetische Satz gehört zu den stärksten Erkenntnissen des nichtjüdischen Sehers, Bileam.

Die Fähigkeit, die materielle Welt zu beeinflussen, gehört zur Aufgabe, die Israel am Sinai übertragen wurde. Sie ist aber an einen konkreten Akt der Zählung gebunden und verlangt eine Mindestzahl, Schischim Ribbo[21] – sechzig Myriaden. Damit haben wir den Zusammenhang zwischen der Zählung Israels und dem Feste der Gesetzgebung gefunden. Wie genau durchdacht sind doch die Anordnungen unserer Weisen! Die Sidra Bamidbar[2] geht dem Feste der Sinaioffenbarung voraus, bildet das geeignete Präludium zu dem historischen Ereignis am Berge Sinai.

Halevi Horowitz, geb. 1565(?) in Prag, gest. 1630 in Tiberias. Schelah bedeutet Schenei Luchot Habrit, die beiden Bundestafeln.

19 Priestern.

20 Num 23, 9.

21 Die Zahl sechshunderttausend, von der die Tora beim Auszug aus Ägypten berichtet, Ex 12, 37, wird zum qualitativen Symbol Israels.

Die Zählung ist also hier ein Medium, das zur Heiligung des Volkes in seiner Einheit und zu gleicher Zeit zu Ahawat Jisrael[22] verhilft. Die Zählung ist eine Handlung, die das jüdische Volk heiligt und unter die direkte göttliche Providenz stellt. Das ist nach Rabbi Jakob aus Lissa[23] die Aufgabe des Omerzählens: Innere Vorbereitung auf den Empfang der Tora. Die Zeit zwischen Pessach und Schawuot wird zu Tagen und Wochen der sittlichen Reinigung. Tage und Wochen, auf denen Glanz und Würde ruhen.

Unser tägliches Zählen zeigt unsere Bereitschaft und unser redliches Streben, diesen Tagen und diesen Wochen der Heiligung ihren ursprünglichen Sinn zurückzugeben. Die doppelte Zählung, die Zählung Israels und die Zählung von Zeiteinheiten soll uns gebührende Vorbereitung für Kabbalat Hatora, den Empfang der Tora, sichern.

22 Liebe Israels.

23 1760–1832.Familienname: Lorbeerbaum. Bekannt als Verfasser der Werke «Chawat Daat», «Netiwot Hamischpat», «Siddur Derech Hachajim», «Torat Gittin», «Nachalat Jaakow». Zu seinen Schülern zählten Gründer der Chibbat Zion-Bewegung wie Elijahu Gutmacher und Zwi Hirsch Kalischer.

III.

ZEIT DER OFFENBARUNG: SEMAN MATTAN TORATENU

Die Gesetzgebung, Vollendung der Volksgründung

Wir befinden uns in der Zeit zwischen Pessach und Schawuot. Bei der täglichen Erfüllung der Sefira drängt sich die Frage auf: Was ist Sinn und Inhalt dieses Zählens?

«Und Ihr zählt euch vom Tage nach dem Schabbat, vom Tag da ihr darbrachtet die Garbe des Schwungs, sieben volle Wochen sollen es sein, bis zum Morgen der siebten Woche sollt ihr zählen 50 Tage[1].» Das Zählen beginnt mit Pessach und endet nach 50 Tagen. Erst nach diesem Zählen feierst du das Wochenfest. «Du bereitest das Schawuot-Fest für Gott, deinen Gott[2].»

Somit ist es klar ausgesprochen, die Sefira verbindet zwischen Pessach und Schawuot. Man zählt die Tage, die zu einem langersehnten Ereignis führen. Der Auszug aus Ägypten ist ein Beginn, aber kein Abschluss. Pessach als Fest der Befreiung ist wohl von überragender Bedeutung, aber in erster Linie für den materiellen Bestand des Volkskörpers. Allerdings hat auch Pessach seine geistigen Höhepunkte, wie zum Beispiel das Spalten des Schilfmeers, da das Volk eine hohe Stufe der Geistigkeit erhielt. Sagen doch unsere Weisen: «Sogar die Magd sah am Schilfmeer, was die Propheten Jeschaja und Jecheskel nicht in ihren Visionen schauten[3].» Jedoch Krönung und Ziel von Jeziat Mizrajim[4] ist Maamad Har Si-

1 Lev 23, 15–16.

2 Dtn 16, 10. Diesem Gebot, im fünften Buch, Dewarim, geht der Satz voraus: «Sieben Wochen zählst du dir; vom Beginn der Sichel am Getreide beginnst du zu zählen sieben Wochen.»

3 Mech J, Massechta Deschira, 3 S. 126. Hrg. Horowitz Jerusalem 1970. Wahrmann Books.

4 Auszug aus Ägypten.

nai[5]. Nur Matan Tora, die Gesetzesgebung vollendet die Gründung des jüdischen Volkes und schafft das auserwählte Volk. So spricht Gott zu Mosche: «Und dies ist dir das Zeichen, dass ich dich schicke. Wenn du das Volk aus Ägypten geführt hast, werdet ihr Gott an diesem Berg dienen[6].» Der Vers sagt somit, dass Gott den Auszug aus Ägypten herbeigeführt hat, damit sie Diener Gottes an diesem Berg werden sollen.

Warum ist nun die Zählung an die Darbringung des Omer[7] gebunden und beginnt nicht am ersten Tage Pessach selbst? Der Verfasser des Sefer Hachinnuch[8] antwortet darauf, dass durch eine solche Verbindung Pessach an Bedeutung verlieren würde und wir uns nicht absolut auf das grosse Wunder des Auszugs konzentrieren würden. So beginnt man erst am zweiten Tage Pessach zu zählen. Nachdem dies nun der Tag der Omerdarbringung ist, wurde das Zählen an dieses Ereignis geknüpft. Der Grund liegt aber noch tiefer. Omerdarbringung mit dem damit verbundenen Verbot des Chadasch[9] sagt

5 Offenbarung am Berg Sinai, Theophanie. Siehe MiT, H JT 8, 1.

6 Ex 3, 12.

7 Wörtlich: Garbenbündel. Hier die Darbringung des ersten Getreideschnittes am 16. Nissan im Heiligtum. Lev 9ff. Die sieben Wochen zwischen Pessach und Schawuot werden Omerzeit genannt.

8 Wörtlich: Buch der Erziehung. Weitverbreitetes Werk, das die 613 Gesetze in der Reihenfolge der Tora klar zusammenstellt und für jedes Gesetz eine Begründung gibt. Aharon Halevi aus Barcelona als Verfasser ist unsicher. Die Bibliothek des Vatikans besitzt ein Manuskript aus dem Jahre 1313. Die angegebene Bemerkung befindet sich auf Seite 359 der Ausgabe Chavels. 11. Auflage 1977. Mossad Haraw Kook, Jerusalem.

9 Das Neue, es geht um das Gebot, kein neues Getreide vor der Darbringung des Omer zu geniessen. Lev 23, 14. Men 68aff.

uns sofort, dass die materiellen Güter, die uns mit der Befreiung aus Ägypten zuteil wurden, uns nicht gehören, bevor sie nicht ihre Weihe durch das Korban[10] erhalten. Die Darbringung des Omer weist somit auf die Heiligung am Sinai hin und ist deshalb besonders zum Beginn der Sefira geeignet.

Warum begnügt sich aber die Tora nicht mit der Festlegung des Zählens «vom Tage der Darbringung» und stellt dieser klaren Datierung «Mimochorat Haschabbat»[11] voran? Sie verknüpft hierdurch den Beginn des Zählens mit «Mochorat Haschabbat». Dieser Ausdruck wurde von den Sadduzäern und später den Karäern im scharfen Gegensatz zur mündlichen Überlieferung als Schabbat Bereschit erklärt. In diesem Zusammenhang berichtet der Talmud: Die Sadduzäer lehrten, dass Schawuot immer auf Sonntag fällt, da griff sie Rabbi Jochanan ben Sakkai an, und sagte: «Narren, worauf stützt Ihr Euch denn?» Keiner konnte ihm erwidern, nur ein greiser Sadduzäer redete auf ihn ein: «Unser Lehrer Mosche war ein Ohew Jisrael[12], und da er wusste, dass Schawuot nur einen Tag lang dauert, stand er auf, und ordnete Schawuot nach Schabbat an, damit sich das Volk zwei Tage lang ergötze.» Da rief Rabbi Jochanan vor ihm aus: «Elf Tage sind es vom Choreb durch das Gebirge Seir, und wenn Mosche wirklich nur als Ohew Jisrael gehandelt hätte, warum hielt er sie 40 Jahre in der Wüste auf[13]?»

10 Opfer.
11 Lev 23, 15 und 16.
12 Jemand, der Israel liebt.
13 Men 65a.

Was war nun der tiefere Grund dafür, dass die Sadduzäer das Zählen unbedingt vom Schabbat abhängig machten? Die Erwiderung des alten Sadduzäers scheint auf den ersten Anblick nicht tief verankert zu sein. Ich glaube, dass die Sadduzäer hier eine entscheidende Anschauung ihrer Irrlehren demonstrieren wollten. Nach ihrer Auffassung besteht keine Verbindung zwischen Pessach und Schawout, führen keine 49 Stufen von der Gründung des Volkskörpers zur Schöpfung des Volksgeistes. Pessach ist für sie kein Beginn, sondern ein Abschluss. Tatsächlich wissen wir aus der Geschichte, dass die sadduzäischen Machthaber Realpolitik im Gegensatz zum Geiste der Tora führten. Darum lehrten sie «Azeret Achar Haschabbat», Schawuot folgt erst nach Schabbat. Darum waren sie auch so sehr darauf bedacht, die Einheit zwischen Jeziat Mizrajim und Mattan Tora zu stören, und wurden nicht müde auszurufen: Die Sefira beginnt nicht nach dem ersten Tag Pessach. Weder lebendige Überlieferung noch scharfsinnige Beweise der Weisen halfen da.

Zur bereits aufgeworfenen Frage, warum der zweite Tag Pessach «Mochorat Haschabbat» genannt wird, oder mit anderen Worten – warum bezeichnet die Tora hier Pessach mit dem Ausdruck «Schabbat»? Darauf lässt sich erwidern: Jeder Schabbat ist Erinnerungsdenkmal für die Schöpfung der Welt als Materie. Pessach ist Erinnerung an die materielle Gründung des jüdischen Volkes. Schabbat Bereschit und Pessach sind beide Ruhetage nach vollendeter materieller Schöpfung. Die Tora ist daran interessiert, Pessach auch Schabbat zu nennen, um damit den materiellen Charakter zu unterstreichen. Die Sadduzäer hingegen begriffen Pessach als Ziel und Ideal, daher ihr Kampf gegen Schabbatbezeichnung des Volksgründungsfestes, darum ihr hartnäckiges Streben Pessach und Schawuot zu trennen.

Unter einem anderen Aspekt betrachtet der Maharal[14] aus Prag in seinem Werke «Tiferet Jisrael» die Diskussion zwischen Rabbi Jochanan ben Sakkai und den Sadduzäern. Die Begründung des Sadduzäers, dass Mosche aus Liebe zum jüdischen Volk gehandelt habe, damit das Volk zwei Tage geniesse, war nach seiner Auffassung nicht gedankenlose Entgegnung, sondern Ergebnis sadduzäischer Ideologie. Schabbat und Festzeiten sind für sie Tage des Genusses, aber nicht Zeiten, die dem Gesetze der göttlichen Weltführung unterliegen. Rabbi Jochanan aber lehrte: Liebe zum jüdischen Volk und Genuss bei der Erfüllung der Mizwot sind nicht das alleinige Kriterium. Vielmehr sind die Gesetze der Tora in erster Linie dem Prinzip der Wahrheit und dem Machtspruche göttlicher Gerechtigkeit unterworfen. Aus diesem Grunde konnte Mosche nicht verhindern, das jüdische Volk 40 Jahre durch die Wüste zu führen, da auch er sich dem Prinzip des Rechts und den Anordnungen göttlicher Weisheit zu fügen hatte.

Damit haben wir auch den Schlüssel zum Verständnis eines schwierigen Midraschs[15] gefunden. «Sie stellten sich unterhalb des Berges. Raw Awdimi bar Chama sprach: Dieser Ausdruck «Betachtit Hahar[16]», wörtlich: «Unter den Berg» lehrt uns, dass der Heilige, gelobt sei Er, den Berg über sie

14 Initialen: Morenu Haraw Rabbi Liwa, bekannt als der Hohe Rabbi Löw aus Prag. 1525–1609. Siehe TJ Abschnitt 6, S. 24.
15 Schab 88a.
16 Ex 19, 17.

stülpte, wie ein Fass, und sprach: «Nehmt ihr die Tora an, so geht es euch gut, andernfalls wird dort euer Grab sein.» Empfang und Erfüllung der Tora durch das jüdische Volk ist somit absolute Notwendigkeit der unergründlichen, göttlichen Waltung. Gewiss, das jüdische Volk war auch vor diesem «Zwang» freiwillig bereit, und hat ein einmütiges, entschlossenes «Naasse Wenischma» (wir wollen tun und hören) ausgerufen[17]. Die Tora ist nicht nur Last und Bürde, vielmehr «sind ihre Wege lieblich». Aber in erster Linie sind die Gesetze Beschlüsse und Bestimmungen göttlichen Willens. Ohne sie hat das jüdische Volk keinen Bestand. Der gesamten Schöpfung droht Untergang. Dies lehrt auch der Midrasch, der berichtet, dass Gott seinen Schöpfungswerken die Bedingung stellte, dass sie nur dann Dasein hätten, wenn Israel die Tora hält, wenn nicht, würden sie wieder dem Tohu Wabohu verfallen[18].

Zum Abschluss noch einen Gedanken, der wieder zum Ausgangspunkt führt. In der Tefilla kennzeichnen wir Pessach als «Zeit der Freiheit». Pessach ist das Fest des sich seiner Freiheit bewussten Volkskörpers, der prophetische Visionen schauen kann und zur Stufe der absoluten Tat führt. Aber Schawuot ist «Zeit der Tora-Übergabe», der Tora, die dem Volk auferlegt wurde, und diese Stufe der Pflicht ist höher als eine nur subjektive Wahl, denn von diesem Augenblick entspringen die Motive der Handlungen nicht mehr natürlichen Neigungen, sondern ethischen Verpflichtungen. Die höchste Freiheit erreicht das jüdische Volk durch die un-

17 Ex 24, 7.

18 Siehe Raschi Gen 1, 31 und Schab 88, beginnend: Amar Chiskija.

bedingte Übernahme des Gesetzes. Die Tafeln des Bundes bilden eine unzertrennliche Einheit mit der moralischen Freiheit. Freiheit des einzelnen und Freiheit des gesamten Volkes liegt in der bewussten Erfüllung der Gesetze, der ungeteilten jüdischen Lehre.

Am Segulla – Aufgabe oder Privileg?

Jeziat Mizrajim[2] und Mattan Tora[3] sind zwei historische Ereignisse, die sich in ihrer grundlegenden Bedeutung gegenseitig bedingen. Keine Geschehnisse der jüdischen Vergangenheit waren in ihrem begrenzten zeitlichen Rahmen von solch bahnbrechender Wirkung und hinterliessen auf das durch sie geformte jüdische Volk Spuren von der Tragweite, die wir durch die gesamte jüdische Geschichte bis auf unsere Gegenwart verfolgen können. Mattan Tora wird fast identisch mit der Tora selbst, und Jeziat Mizrajim wird zur Basis unserer physischen Existenz und Erinnerungsmotiv für viele Gesetze. Beide gehören zusammen und ergänzen sich. Das aus Ägypten befreite Volk harrt ruhelos seiner geistig-religiösen Konstitution. Diese Ungeduld findet ihren Niederschlag im

1 Volk des Eigentums. Der Ausdruck geht zurück auf Ex 19, 5. S.R. Hirsch weist nach, dass etymologisch «Segulla» ein Gut ist, auf das ein anderer kein Anspruchsrecht besitzt und erfasst es als Ausdruck der ausschliesslichen Zugehörigkeit des jüdischen Volkes zu Gott. Das mit dem Sinaibund geschaffene Verhältnis Israels zu Gott «ist kein Ausnahmeverhältnis, ist vielmehr nur der erste Wiederbeginn des normalen Verhältnisses, in welchem die ganze Erde zu mir stehen soll; alle Menschen und alle Völker sind ihrer Bestimmung nach mein und werden von mir zu mir erzogen». Kom Ex S. 194. Hermann Cohen geht in Hirschs Spuren, wenn er zu «Segulla» bemerkt: «Israel ist sein Eigentum ... nur als Vorbild, als Symbol der Menschheit, eine Auszeichnung innerhalb ihrer, denn nur der Monotheismus vermag die Menschheit zu konstituieren ... Israel ist das heilige Priestervolk des Monotheismus. Israel ist nicht ein Volk, wie die anderen Völker.» RV, S. 173.

2 Auszug aus Ägypten.

3 Gabe der Tora, Bezeichnung für die sinaitische Offenbarung. Daher wird im Gebet das Wochenfest als Zeit unserer Gesetzgebung – Seman Mattan Toratenu – gekennzeichnet.

Midrasch[4], der die Frage aufwirft, warum eigentlich Israel nicht die Tora erhielt zur Zeit des Auszugs aus Ägypten.

Die Antwort dürfte wohl in folgender Richtung liegen: Wir unterscheiden zwei Komponenten bei der Gründung des jüdischen Volkes. Eine, die mehr zum Materiellen tendiert, und die andere gehört dem Geistigen an.

Jeziat Mizrajim – und damit auch Pessach – bedeutet uns die Erschaffung des jüdischen Volkskörpers. Mit dem Auszug aus Ägypten gewinnt Israel die Freiheit, die die Voraussetzung für ein normales Volksleben bildet. Wir bezeichnen ja darum auch Pessach als Chag Cherutenu – Fest unserer Freiheit. Aber Israel bleibt nicht bei dieser elementaren Errungenschaft stehen. Es gilt, sich vollkommen von der in Ägypten vorherrschenden Mentalität zu trennen und zu einem hohen geistigen Ideal aufzusteigen. Dazu bedarf es einer Übergangszeit. Diese Durchgangsperiode bilden die 49 Tage zwischen Pessach und Schawuot. Im Rhythmus der Zeit bedeutet uns die Zahl 7 die Heiligkeit. Die geheiligte Zeit trägt den Stempel der Keduscha[5] und ist damit ganz dem Göttlichen geweiht. Das erleben wir mit dem Schabbat, mit jedem siebten Jahr, dem Schmitta-Jahr, und in der Potenz mit dem Jobeljahr[6]. Eine Konzentration zur Keduscha hin bedeutet ja

4 Mid T Paraschat Jitro Ende Abschnitt 8 S. 316 und Ende Abschnitt 10, S. 318. Ausg. Eschkol Jerusalem 1972. Siehe auch Pes K Abschnitt Bachodesch Haschlischi Bd. 1, S. 205 Ausg. B. Mandelbaum NY. 1962.

5 Des Sakralen im Gegensatz zum Chol, dem Profanen.

6 Nach dem Gesetz der Tora ist jedes siebente Jahr ein Sabbatjahr, in dem die Ackerbautätigkeit eingestellt wird und Schulden erlassen werden. Nach sieben Sabbatjahren folgt das Jobeljahr, das vor allem da-

auch das siebenmal sieben Tage dauernde Omerzählen. Oder wie es auch in unseren Schriften ausgedrückt wird: die Überwindung der Tumah[7] führt über 49 Stufen der Reinigung[8]. Darum also der Abstand in der Zeit zwischen Pessach und Schawuot.

R. Jizchak in Kohelet Rabba gibt aber noch eine ganz andere Begründung. Die Tora erfordert auch einen gesunden Körper. Das historische Ereignis der Offenbarung wendet sich nicht an gebrechliche Menschen. Gilui Schechina, die Offenbarung des Göttlichen, kann der Mensch nur in gesunder physischer Gestalt ertragen. Das dürfte auch der Sinn des Midrasch sein: Israel war bereits sofort beim Auszug aus Ägypten bereit, die Tora zu empfangen. Aber die göttliche Vorsehung hielt die physische Verfassung des Volkes für zu schwach. Unmittelbar nach der Befreiung aus materieller Versklavung war es noch nicht für die Hingabe an die Tora vorbereitet.

Der Midrasch vergleicht das mit einem Kind, das von einer schweren Krankheit genesen ist. Ein eifriger Erzieher möchte es sofort in seine Schule aufnehmen. Aber der Vater rät, noch

durch geheiligt wird, indem es allen Bewohnern Freiheit bringt und jeglicher Grundbesitz an seine ursprünglichen Besitzer zurückkehrt. Lev 25, 1–13. Hirsch übersetzt Jowel mit «Heimbringer». Das Jobeljahr bringt Mensch und Gut in seine «gebührende Stellung und Ordnung». Etymologisch vom Stamme JBL.

7 Moralisch-seelische Unreinheit.

8 Hierzu Ramchal, Rabbi Mosche Chajim Luzzatto, 1707–1746 in «Choker Umekubbal». Der betreffende Auszug in «Jalkut Jediot Haemet» Bd. 1, S. 265 Ausgabe Warschau 1936. Ferner das Gebet nach dem Omerzählen, Ribbon Haolamim in AwJ, S. 363. Siehe auch Kom Lev 23, 16 S. 507.

eine geraume Zeit zu warten, bis das Kind körperlich gestärkt, den neuen geistigen Aufgaben gewachsen ist.

Im Midrasch-Tanchuma wird sogar von göttlichen Boten gesprochen, die die Wunden und Gebrechen all derer heilten, die als Sklaven körperlichen Schaden erlitten hatten.

Verbindet sich aber die physische Unabhängigkeit mit der Geistesfreiheit, dann ist ein Höhepunkt erreicht, von dem es kein Zurück mehr gibt: Es gibt nur ein Fortschreiten, ein Weitergehen, einen Aufstieg in der geheiligten Zeit. So verhält es sich auch mit der anspruchsvollen Aufgabe der uns verliehenen Sonderstellung. Das Programm des jüdischen Volkes besteht für alle Zeiten, auch für die Jemot Hamaschiach, die messianische Zeit:

«Und nun, wenn ihr auf meine Stimme ernstlich hören und meinen Bund hüten wollt, so werdet ihr mir ein ausschliessliches Gut sein, denn mein ist die ganze Erde[9].»

Hier ist auf jeden Fall von der Bechira – der Auserwähltheit – «Ascher Bachar Banu»[10] die Rede. Wir sollen ein Am Segula sein, ein Kleinod unter allen Völkern. Raschi spricht von einem Ozar Chawiw, einem wertvollen Schatz, den der Besitzer besonders liebgewonnen hat. Hirsch übersetzt: «So müsst ihr mehr als alle Völker mir ausschliesslich angehören», und betont damit die grosse Aufgabe, die dem Am Segulla obliegt. Die Auserwähltheit kann daher nie Grund der Selbstüberheblichkeit bilden. Denn nur wenn die Bedingung des ersten Teils des Verses erfüllt ist «Wenn ihr auf meine Stimme ernstlich hören und meinen Bund hüten wollt», wird die Ausschliesslichkeit des göttlichen Besitzes gewährt. Wie-

9 Ex 19, 5.
10 Der uns erwählt hat.

derum andere betonen nicht so sehr die Forderung an Israel und die Verpflichtung des jüdischen Volkes, die das Privileg der Auserwähltheit stark beschränken. Mit Mattan Tora ist Israel Gottes Eigentum geworden. Als Träger dieser Auszeichnung besitzt es Urkraft und eine Fülle geistiger Energien, die es durch die Geschichte der Menschheit leiten. Mit Mattan Tora ist das jüdische Volk zum Vorbild für die Völker der Welt geworden.

Auch Onkelos[11] betont die bevorzugte Stellung Israels, wenn er übersetzt: «Ihr sollt mir lieber sein als alle Völker.» Die Frage, die sich hieraus ergibt, wendet sich sowohl an die göttliche Gerechtigkeit als auch an die Stellung des jüdischen Volkes innerhalb der Völker. Die Antwort liegt aber schon in der Begründung, welche die Tora für die Erwählung gibt: «Ki Li Kol Haarez», die ganze Erde gehört mir[9].

Als Urheber und Eigner der Welt hat Gott seine Wahl getroffen. Sie gehört zu den geschichtlichen Tatsachen, wie Mattan Tora selbst. Jede übertriebene nationalistische Auslegung des Ata Bechartanu[12] und des Am Segulla jedoch kann nur die universale Bedeutung der Erwählung beeinträchtigen. Dem Privileg der Auszeichnung folgt die Forderung, ein Reich eigener Art zu gründen, und ein Volk eigener Prägung zu bilden. Das Am Segulla ohne Mamlechet Kohanim – Reich von Priestern – und ohne Goi Kadosch – heiliges Volk[13] – ist eine Verstümmelung des Auftrags und eine willkürliche Beschränkung der weltgeschichtlichen Aufgabe des jüdischen Volkes.

11 Zweites Jahrhundert. Übersetzer des Pentateuchs ins Aramäische.
12 Du hast uns erwählt.
13 Ex 19, 6.

Klar und deutlich spricht dies ja auch der entscheidende Satz der göttlichen Verkündung aus[9]. Der begründende Nachsatz dürfte wohl die Bedeutung haben, dass die Erwählung Israels gerade aus Rücksicht auf die Völker der Welt erfolgte. Israel soll Vorbild sein und zur «Leuchte der Völker werden[14]». Beachten wir, dass der Vordersatz der Erwählung mit dem Nachsatz ihrer Begründung durch das in beiden Sätzen gebrauchte Possessivpronomen des ausschliesslichen Besitzes «Li» miteinander verbunden sind. Die unbedingte Zugehörigkeit und innige Verbundenheit zum Göttlichen, die die Auserwähltheit fordert, steht nicht im Gegensatz zum absoluten Eigentumsanspruch Gottes auf die gesamte Erde. Mehr noch, die enge Verknüpfung Israels mit Gott durch die Auserwählung bleibt ein Faktum von ewigem Bestand. Selbst in der messianischen Zeit wird sie nicht aufgelöst.

Rabbi Jakob aus Lissa[15] schliesst dies aus dem bereits erwähnten Nachsatz, in dem er bemerkt, auch dann, «wenn mir einst die ganze Erde angehört», wenn der Zusammenhang zwischen Gott und Welt so eng ist, wie wir es für die messianische Zeit erhoffen[16], wird Israels Erwählung nicht aufgehoben. Schliessen wir unsere Betrachtung mit dem Ausklang des weihevollen Akdamut[17], der aramäischen Einleitung zu der Toravorlesung an Schawuot:

«Erhaben ist Gott von Anbeginn bis in Ewigkeit
In Liebe und Zuneigung hat er uns die Tora anvertraut»

14 Jes 49, 6.
15 Siehe Anmerkung 23 zu Art. 3.
16 «Dann ergiesse ich meinen Geist über alles Fleisch». Joel 3, 1.
17 Verfasser – Meir Ben Jizchak, Scheliach Zibbur aus Worms, 11. Jh.

Mattan Tora – Gesetzesoffenbarung

Die «Zehn Gebote», oder besser die «Zehn Aussprüche», was einer getreueren Wiedergabe der hebräischen Bezeichnung Dibbrot entspricht, sind nicht nur die Grundlagen des Judentums, sondern auch das Fundament der gesamten kultivierten Menschengesellschaft. Im lebendigen Bewusstsein des jüdischen Volkes sind sie ein Geschenk Gottes, ein Vermächtnis göttlicher Vernunft, das dem jüdischen Volk am Sinai übergeben wurde.

Dieses in der Geschichte der Menschheit einmalige Geschehen wird im Reigen des jüdischen Festjahres durch Schawuot, das Wochenfest, gefeiert und das Ereignis selbst ist unter dem Namen Mattan Tora, Übergabe der Tora oder Maamad Har Sinai, der Stand am Berge Sinai bekannt.

Schawuot präsentiert sich nicht etwa als Zeit der zehn Gebote, sondern als Moment der «Übergabe der Tora». Die zehn Aussprüche sind wohl die Quintessenz der Tora, aber die Gesamtheit der Tora umfasst 613 Gebote.

Die zehn Gebote sind ein Modell der Stellvertretung für die Tora in ihrer Ganzheit. So finden wir andere hervorragende Abschnitte der Tora, die nach dem Schema der zehn Gebote aufgebaut sind. Rabbi Lewi sagt, die Parascha von Kedoschim[1] wurde deshalb in Anwesenheit des ganzen Volkes vorgetragen, weil in ihr die Zehn Gebote enthalten sind[2]. Im Jerusalemitischen Talmud[3] wird die Frage gestellt, war-

1 Lev 19.

2 WaR 24, 5 Bd. 8, S. 58 Ausg. Mirkin. MidT, Paraschat Kedoschim 3, Bd. 2, S. 586 Ausg. Eschkol. Jal Schi 601, Beginn von Kedoschim.

3 Ber I, 5.

um man jeden Tag Keriat Schema[4] betet. Rabbi Lewi führt dort aus, dass auch in den drei Abschnitten des Keriat Schema die zehn Gebote inbegriffen sind. Anderseits betont Rabbi Simlai[5], dass alle 613 Gebote am Sinai offenbart wurden. Zu einem ähnlichen Resultat gelangt auch Rabbenu Saadia Gaon[6] wenn er sagt, dass alle Gesetze der Tora in den zehn Geboten enthalten sind. Ausgehend von Rabbi Simlais Ausspruch und dabei besonderen Wert legend auf die Überlieferung, dass von den Tarjag Mizwot[7] zwei unmittelbar von Gott dem Volke Israel am Sinai offenbart wurden, entwickelt der Maharscha[8] die These, dass nur vom Standpunkt der Menschen und seiner beschränkten Fassungskraft her betrachtet, die Vielheit der Gesetze besteht. Aus der göttlichen Perspektive gesehen, kreisen ja alle Gebote um das positive Anochi[9] und das negative Lo Jihje Lecha[10]. Von der göttlichen Warte aus beurteilt verdichten sich die 248 Gebote in der Anerkennung der Existenz Gottes, die im ersten der zehn

4 Neben dem Achtzehngebet – Schemone Essre – wichtigster Bestandteil des jüdischen Gebetes. Es enthält drei Abschnitte aus der Tora, beginnend mit dem «Höre Israel» – Schema Jisrael.

5 Mak 23bf.

6 Überragender Gelehrter und führende Persönlichkeit der gaonäischen Periode, geb. 882 in Pithom (Abu Suweir) in Ägypten, gest. 942.

7 613 Gebote. Der Zahlenwert von «Tarjag» ist 613.

8 Initialen für Morenu Haraw Schmuel Edels. Bedeutender Talmudkommentator, geb. 1555 in Krakau, gest. 1631. Sein «Chidduschei Halachot» befindet sich heute in jeder Talmudausgabe.

9 Bezeichnung für das erste der zehn Gebote, das mit dem Wort Anochi – «Ich» – beginnt.

10 «Es sei dir nicht», Beginn und Name des zweiten Gebotes.

Gebote zum Ausdruck kommt. Die 365 Verbote[11] wiederum konzentrieren sich in der absoluten Verneinung jeglichen fremden Dienstes, die ja in der negativen Aussage des zweiten Gebotes gefordert wird.

Das dürfte auch der Sinn folgender Deutung der Mechilta[12] sein: «Alle Worte[13], dies lehrt, dass Er alle zehn Gebote in einem Ausspruch verkündete, wie es der Mensch nicht zu sprechen vermag. So heisst es: 'Gott sprach all diese Worte'[13].» «Uns hat Mosche die Lehre befohlen[14].» Nur für «uns», das heisst, für die Menschen besteht die Tora[15] in der Vielheit ihrer Gesetze.

Diesen Gedanken spricht ja auch Rabbi Chananja ben Akaschja aus in der bekannten Sentenz: «Jisrael reich begnadigen wollte der Heilige, gesegnet sei Er, deshalb hat Er ihnen in reichem Masse Lehre und Gesetz verliehen.» Der Vers aus Jesaja[16] mit dem Rabbi Chananja seinen Ausspruch begründet: «Gott will es um seiner Gerechtigkeit willen, dass er die Tora umfangreich und mächtig machte», ist aber nur in diesem Zusammenhang zu verstehen, wenn man «um seiner Gerechtigkeit willen» auf Jisrael bezieht, was Jonathan Ben

11 Die 613 Gebote bestehen aus 248 Geboten und 365 Verboten.

12 Mech J Massechta Debachodesch, 4. S. 218.

13 Ex 20, 1.

14 Dtn 33, 4.

15 Der Zahlenwert der 4 Buchstaben von «Tora» ist 611. Das sind die Gesetze, die uns durch unseren Lehrer Mosche offenbart wurden. Die zwei fehlenden Gesetze Anochi und Lo Jihje Lecha, die Grundlagen aller Gesetze, sind identisch mit dem Göttlichen und wenden sich unmittelbar an das Volk.

16 Jes 42, 21.

Usiel in seiner deutenden Übersetzung dieses Verses ausdrücklich tut[17]. Maimonides bezieht «Um seiner Gerechtigkeit willen» ebenfalls auf Jisrael – «Lemaan Zidko, Lezaddek Et Jisrael»[18].

Die zahlenmässige Erfassung der Gebote beruht auf der Besonderheit quantitativer Einheiten und dem Zusammenschluss von Gesetzen verschiedener Werte zu einheitlichen Gruppen. So stellt sich die Zehn als Einheit dar, die die beiden selbständigen Reiche der Fünf, einerseits als Gebiet der Beziehungen von Mensch zu Mensch und anderseits als Bereich des Verhältnisses von Mensch zu Gott zu einer Einheit in der Zehn zusammenschliessen und sich der Eins des Ursprungs im Göttlichen einordnen und unterordnen. Die Teilung in zwei Fünfergruppen findet ihren sichtbaren Ausdruck in den Bundestafeln. Jeder Teil der Tafeln wird beherrscht von der ihr voranstehenden Fundamentalforderung – der Anerkennung Gottes als unseren Gott, als Herrn und Meister, und die bedingungslose Forderung kein Menschenleben auszulöschen.

Die Gesamtheit der Mizwot durch die Zahl 613 dargestellt teilt sich in zwei Hauptteile, von denen der eine alle Aktivitäten des menschlichen Tuns umfasst, während der zweite die bewusste Passivität im beherrschten Nichttun begreift. Tun und Lassen, Bewegung und Ruhe, alle Betätigungen und Unterlassungen im menschlichen Dasein werden vom Gesetz erfasst und in seinen Bereich einbezogen.

17 Indem er Lemaan Zidko wiedergibt mit Bedil Lesakkaute Jisrael, – um Jisrael zu begnaden.

18 In seinem Kommentar zur Mischna Ende Mak.

Die Aufteilung in 248 Gebote und 365 Verbote ist dabei nicht willkürlich und hat ihren tiefen Grund in dem Verhaftetsein des Menschen mit seiner natürlichen, organischen Zusammensetzung und seiner Abhängigkeit von dem ihn umgebenden zeitlichen Geschehen. Keines der 248 Glieder des menschlichen Organismus ist seinem natürlichen Lauf überlassen und unabhängig von dem höheren Sein des Toragesetzes. Jedes einzelne Glied als organische Einheit steht mit einem der 248 Gebote in besonderer Verbindung. Ebenso vergeht kein Tag im Ablaufe des 365 Tage zählenden Jahres, der nicht mit einem der 365 Verbote korrespondiere.

Durch die Übergabe der Tora am Sinai – Mattan Tora – wird der Mensch nicht nur mit Gott, sondern mit sich selbst, in seiner leiblichen – körperlichen Erscheinung und alles was ihn umgibt in eine höhere Beziehung gebracht.

Die Offenbarung am Sinai hebt den Menschen aus seiner engen Ichbezogenheit heraus, befreit ihn von dem Zwang der Naturgesetze und gibt ihm durch die Tarjag Mizwot ein Instrumentarium, zur Realisierung seiner Willensfreiheit im Rahmen eines allumfassenden göttlichen Planes. Cherut Al Haluchot – Freiheit im Gesetz, Freiheit durch die Tora!

IV.

ZWEITE ZWISCHENZEIT:
BEJN HAMEZARIM

Fasttage – Sühne für ungetilgte Schuld

Megalgelin Sechut Lejom Sakkai, Wechowa Lejom Chajaw. (Taan. 29a)

«Verdienst – auf den Tag der Unschuld! Schuld – auf den Tag der Verfehlung!»

Alle jüdischen Feste und Erinnerungstage fügen sich in einen zeitgebundenen Rahmen und sind nicht von einem festgelegten Datum zu trennen. Das gilt nicht nur für die freudigen Festtage, die Jamim Towim, sondern auch für die Tage, die uns an Katastrophen unserer Vergangenheit erinnern und ermahnen, die Zomot oder Taanijot.

Diese letzte Gruppe besteht aus Fasttagen, die der Trauer über die Zerstörung des Heiligtums und Jerusalems gewidmet sind. Wir beschränken uns in dieser Betrachtung auf die vier Gedenktage, die an den Fall von Jeruschalajim – Zion erinnern und sehen hier von Taanit Esther ab, der an Ereignisse des persischen Exils ermahnt. Es ist die Vierergruppe, über welche der Prophet Secharja ausruft: «Der Fasttag des vierten und der Fasttag des fünften und der Fasttag des siebten und der Fasttag des zehnten Monats werden dem Hause Jehuda zur Wonne und Freude und zu heiteren Festtagen werden[1].»

Nicht von ewiger Dauer

Betrachten wir diese Verkündung Secharjas als Antwort[2] auf die Anfrage einer Volksvertretung an die Kohanim und Propheten: «Soll ich im fünften Monat noch weinen, mich ent-

1 Sach 8, 19.
2 Siehe Bejt Joseph zu Tur O Ch 550.

halten, wie ich das bereits etliche Jahre ausgeübt habe?»[3] so kann das nur bedeuten, dass diese im babylonischen Exil eingesetzten Fasttage nicht von ewiger Dauer sein werden. Vielmehr ist ihre Umwandlung in Festtage vorausgesehen. Die prophetische Verheissung selbst sagt diese Zeit der radikalen Wandlung voraus – aber unter einer wesentlichen Bedingung: «Liebet die Wahrheit und den Frieden!»[4] Liebe zur göttlichen Wahrheit und Liebe für den echten, auf diese Wahrheit aufgebauten Frieden sind hochgesteckte Ziele, deren Erreichung noch lange die Energie und Intelligenz des jüdischen Volkes in Anspruch nehmen wird.

Von zwei der vier Fasttage ist auch in der Mischna[5] die Rede, und für beide, das heisst sowohl für den 17. Tamus als auch für den 9. Aw werden je fünf Ereignisse der jüdischen Geschichte erwähnt, die sie zu Tagen der Besinnung und Einkehr machen. Beide sind durch die «Bejn Hamezarim», die «drei Wochen», miteinander verbunden. Beide zeigen uns, wie das nationale Schicksal und das Religiöse im jüdischen Volk eng miteinander verknüpft sind. Tora und Staat, Erez Israel und Heiligtum stehen in einem nicht aufzulösenden Wechselverhältnis. Wachstum des einen bedeutet auch Blüte des andern. An dem Tag, an dem die Gesetzestafeln zerschellen, geht auch der Staat in Trümmer. Das verhängnisvolle Datum, an dem Israel den Einzug in das Land verscherzte, fällt zusammen mit dem Tage der Zerstörung des ersten und des zweiten Tempels.

3 Sach 7, 3.
4 Sach 8, 19.
5 Mischna Taan. 4, 6. Gemara Taan. 26af., 28bf.

Nicht die Verwobenheit des Sakralen mit dem Profanen setzt uns in Verwunderung. Die Logik der Zusammengehörigkeit dieser beiden Bereiche ist eine strenge Konsequenz der Eigenart und des Systems der Tora. Was uns aber aufhorchen lässt und unser Nachdenken in Anspruch nimmt, ist vielmehr der innere zeitliche Zusammenhang der entscheidenden Wendepunkte in der Geschichte des jüdischen Volkes, die durch Jahrhunderte voneinander getrennt sind, haarscharf auf das gleiche Datum komprimiert.

Fatales Ergebnis einer unglücklichen Konstellation? Sicher nicht! Wohl aber Abhängigkeit des jüdischen Geschikkes von dem Plan der göttlichen Providenz und ein Zusammenhang der jeweiligen eigenen nationalen Entscheidung mit dem göttlichen Eingreifen in die Räder der Geschichte zur Korrektur von Fehlentscheidungen.

Da sind es vor allem zwei tragische Ereignisse, deren Nachwirkungen immer wieder das Geschehen entscheidend beeinflussten: Die Anbetung des goldenen Kalbes als Gottheit und die Identifizierung Israels mit dem kritischen Bericht der Kundschafter. In beiden Fällen wird der göttliche Führungsanspruch über das jüdische Volk in extremer Weise verneint. Hier wird in bacchantischem Taumel Apis, die ägyptische Gottheit umtanzt, dort leichtgläubig den Volksverführern Glauben geschenkt. Wenn auch Mosches Gebet und Gottes Liebeswaltung zur Versöhnung zwischen Israel und Gott führen, so bleibt aber doch nach der Versündigung durch das goldene Kalb ein ungesühnter Rest, der sich verhängnisvoll in die Zukunft projiziert. «Am Tage aber, da ich gedenke, werde ich ihrer Sünde über sie gedenken[6].» Dazu

6 Ex 32, 34.

bemerkt Rabbi Josse[7], dass dieser Tag für das Unglück bestimmt wurde, an ihm wurden die Bundestafeln zerbrochen, an ihm kehrten die Kundschafter zurück und an ihm wurde der erste und der zweite Tempel zerstört. Während aber Rabbi Josse die Ahndung der Sünde mit dem goldenen Kalb auf Israel beschränkt, erweitert Rabbi Jizchak die Folgen dieser Verschuldung mit den Katastrophen in der Weltgeschichte. Kein Unglück geschieht auf Erden, bei dem nicht ein Vierundzwanzigstel vom Übergewicht eines Litra vom ersten goldenen Kalbe mitwirkt[8]. Die absolute Verneinung Gottes im höhnenden Reigen um das goldene Kalb unmittelbar nach der Offenbarung am Sinai illustriert den unüberbrückbaren Abstand Israels von seiner Aufgabe, ein Abstand, der auch nicht von Gottes Liebe und Vergeben allein aufgehoben werden kann. Nur durch eine lange Leidensgeschichte kann diese Differenz allmählich verschwinden.

Die vollkommene Sühne, die sofortige Auslöschung der sündhaften Handlung, widerspräche der göttlichen Gerechtigkeit und würde auch die sittliche Tat der menschlichen Autonomie beeinträchtigen. Alle zukünftigen Geschlechter tragen immer noch an den Folgen der Versündigung durch das goldene Kalb. Aber nicht etwa wegen einer Unversöhnlichkeit göttlicher Strenge, sondern in Hinsicht auf die Erreichung der vollkommenen Sühne[9].

7 San 102a und Raschi zur Stelle.
8 ebd. und J. Taan. 4, 5.
9 Meg 25b. Um der Sühne willen bejaht Israel die Veröffentlichung der Sünde mit dem goldenen Kalb.

Egel[10]-Sünde

In seiner geschichtlichen Tragweite lässt sich die Egel-Sünde nur mit Adams Fall vergleichen. Hier wirkt die Handlung auf die gesamte Menschheit nach, und dort wird Israel in seinen kommenden Geschlechtern immer wieder betroffen. Hier die fatale Entscheidung des ersten Menschen mit seinen Nachwirkungen auf die Menschheit, dort der tragische Entschluss der ersten Generation des zum freien Volke gewordenen Israel.

Von dieser Warte aus betrachtet, bekundet auch die Kleinmütigkeit und Verzagtheit dieses ersten Geschlechtes angesichts der Möglichkeit sofort in das Land Israel einzuziehen, wiederum Mangel an ethischer Höhe, die erst nach langer historischer Selbsterfahrung erreicht wird.

«Und es weinte das Volk diese Nacht hindurch[11].» «Rabba sagt im Namen Rabbi Jochanans: Diese Nacht war die Nacht des neunten Aws. Der Heilige, gelobt sei Er, sagte zu Israel: 'Ihr habt ohne Grund geweint, und ich werde euch ein Weinen der künftigen Geschlechter bestimmen'[12].» Der Midrasch Bamidbar Rabba[13] spezifiziert: «Von dieser Stunde an wurde die Zerstörung des Tempels verhängt, damit Israel unter die Völker in Verbannung gehe.» Denn so spricht der Psalmist: «Da hob er ihnen seine Hand auf, sie in der Wüste

10 Das goldene Kalb.
11 Num 14, 1.
12 San 104b, Taan. 29a, Sot 35a.
13 16, 20.

fallen zu lassen, und ihre Nachkommen fallen zu lassen unter die Völker und sie zu zerstreuen unter die Länder[14].»

Sünde und Zerstörung, Schuld und Verbannung bilden das Leidensdrama der Geschichte. Umkehr und Aufstieg, Rückkehr in das Land und vollkommene Versöhnung verwandeln die Tragödie des jüdischen Geschickes in eine neue Ära der Hoffnung und Erlösung.

14 Ps 106, 26–27.

Bejn Hamezarim, die jüdisch-nationale Trauerzeit

Mit dem 17. Tamus[1] beginnt ein Zyklus des jüdischen Kalenderjahres, der der Erinnerung an vergangene Pracht und Ruhm gewidmet ist. Verlust staatlicher Selbständigkeit, Zerstörung des Heiligtums auf Zion, Verbannung des jüdischen Volkes von seiner Mutter-Erde und seine Zerstreuung über fremde Länder nach zwei verschiedenen Epochen jüdischen Volks- und Staatenlebens, bilden die Ursache dieser nationalen Trauerzeit, die mit dem Fasttag des 9. Aw[2] ihren Höhepunkt und zugleich ihren Abschluss findet.

Aber nicht in kalter Erinnerung an vergangene Katastrophen, auch nicht im überschwenglichen Gefühlsrausch begehen wir die Zeit der Trauer, sondern in einem abgestuften Wiedererleben der verschiedenen Phasen der Zerstörung. Diese nationalreligiöse Trauerzeit erstreckt sich auf drei Wochen. Durch verschiedene Zeichen der Trauer rufen wir geschichtliche Ereignisse und deren Tragweite in unsere Erinnerung zurück. Wir handeln in gewissem Sinne umgekehrt wie unsere Propheten Jirmijahu und Jecheskel. Sie zeigten unter Einsatz ihres Lebens durch symbolische Handlungen, was dem jüdischen Volke geschieht, wenn es nicht auf die göttliche Stimme der Künder hört. Ihre Mimik weist auf ein tragisches Schicksal der Zukunft hin. Wir bekunden durch verschiedene Ausdrucksformen der Trauer unseren unsäglichen Schmerz über unser nationales Unglück, das wir vor fast zwei Jahrtausenden bzw. vor zweieinhalb Jahrtausenden erlitten haben.

1 Tamus ist der vierte Monat des jüdischen Kalenders.
2 Aw ist der fünfte Monat des jüdischen Kalenders.

Ein kurzer Überblick der Gesetze und Minhagim[2a] dieser Trauerzeit ergibt folgendes Bild: Während der gesamten Periode der drei Wochen[3] vom 17. Tamus bis nach dem 9. Aw wird keine Hochzeit gefeiert. Man spricht in diesen Tagen – ausser an den dazwischen liegenden Schabbattagen – nicht den freudigen Segensspruch des Schehechejanu und meidet darum jede freudige Veranlassung, bei der dieser Segensspruch zu sprechen wäre. Man unterlässt das Scheren der Haare. Dieser Charakter von Halbtrauertagen wird strenger in den neun Tagen, vom ersten Aw bis nach Tischa Beaw. Man legt keine neuen Kleider an und geniesst ausser Schabbat keinen Wein und kein Fleisch. Am Erew Tischa Beaw, am Rüsttage des neunten Aw, nimmt man die Hauptmahlzeit vor der Schlussmahlzeit, Seuda Mafseket genannt, ein, denn dieses Unterbrechungsmahl darf nur aus einem Gericht bestehen. Es wird dem Awel[4], dem Leidtragenden gleich, auf der Erde sitzend, eingenommen und besteht gewöhnlich, wie das erste Mahl des Trauernden, aus Eiern.

Den Höhepunkt der drei Wochen – die auch Bejn Hamezarim genannt werden – bildet der Fast- und Trauertag des Tischa Beaw. Das Fasten beginnt bereits vor Antritt der

2a Bräuche.

3 «Drei Wochen» als Ausdruck für die Trauerperiode ist somit identisch mit der Bezeichnung Bejn Hamezarim, die auf Thr 1, 3 zurückgeht. Kol Rodfeiha Hissiguha «Bejn Hamezarim». Alle seine Verfolger erreichten es im Engpass.

4 Der Trauernde um den Verlust eines Menschenlebens. Die den Schmerz und das Trauergefühl begleitenden Vorschriften des neunten Aw sind dieselben wie bei einem persönlichen Trauerfall. «Denn am neunten Aw sind wir alle Leidtragende um Jeruschalajim – Zion –» Chorew S. 129, § 243.

Nacht, die Trauer jedoch erst wenn völlig Nacht ist. Am neunten Aw sind wir alle Leidtragende um Zion und Jeruschalajim und es sind alle Trauergesetze wie beim Awel in Kraft. Bis Mittag ist jede Arbeit untersagt. Am Vorabend wird vor dem Nachtgebet der Vorhang von der heiligen Lade entfernt, am Tage wieder verhängt. Nach dem Abendgebet wird «Megillat Echa» Jirmijahus Klagelieder über den Untergang vorgetragen. Einen wichtigen Bestandteil des Gottesdienstes am Tischa Beaw bilden die Trauergesänge, unter dem Namen «Kinnot» bekannt. Tallit und Tefillin, die ein Schmuck des Betenden sind, werden am 9. Aw erst beim Minchagebet angelegt. Bei diesem Gebet schaltet man auch das Trostgebet «Nachem» ein: «Und da sitzt sie mit verhülltem Haupte wie eine unfruchtbare Frau, die nie geboren. Legionen haben sie bewältigt, Götzendiener um ihr Erbe gebracht, und haben Dein Volk Israel dem Schwerte vorgeworfen und haben mit Mutwillen des Höchsten in Liebe Geweihte erschlagen.» Und der Trost spendende Schluss dieses ergreifenden Gebetes lautet: «Denn Du Gott, in Feuer hast Du sie eingeäschert, und in Feuer wirst Du sie einst wieder erbauen, wie es heisst: Ich werde ihr, spricht Gott, eine Feuermauer ringsum sein und werde zur Verherrlichung in ihr sein; gesegnet seist Du Gott, Tröster Zions und Erbauer Jeruschalajims.»

Diese letzten Worte des Trostgebetes «Nachem» führen uns in historische Realität. Versuchen wir einen kurzen Rückblick auf die geschichtlichen Ereignisse, die den Hintergrund der drei Wochen bilden, zu entwerfen.

Am 9. Aw des Jahres 586 vor der gewöhnlichen Zeitrechnung dringen babylonische Armeen in die Stadt Jeruschalajim ein, legen den Tempel in Brand, zwingen Tausende von Juden, ihre Heimat zu verlassen und das bittere Schicksal des Exils auf sich zu nehmen. Der Sieg der chaldäischen Heere, angeführt von Nebuchadnezar, zerstört das Königreich Juda und vernichtet das nationale Leben auf eigenem Boden, im eigenen Lande.

«Im Eschkachech Jeruschalajim Tischkach Jemini», «Vergesse ich dein, Jerusalem, verdorre meine Rechte»[5].

«Al Arawim Betochah Talinu Kinoroteinu», «An Weiden in seiner Mitte hingen wir unsere Harfen»[6].

Nach einem 70jährigen bewussten Verstummen des eigenen Liedes vernehmen wir bereits im Jahre 538 die erste «Balfourdeklaration»[7] der jüdischen Geschichte und es beginnt das Zurückströmen nach Erez Israel, die Rekonstruktion des Heiligtums in Jerusalem unter der überragenden Führung von Serubawel, Jehoschua, Esra und Nechemja und damit der Wiederaufbau ursprünglichen jüdischen Lebens. In einer langen Periode von fast sechs Jahrhunderten können wir einen Konsolidierungsprozess eigener jüdischer Geistigkeit und Rechtschaffenheit beobachten.

Das Werk der Durchdringung des jüdischen Volkes mit dem Gesetzesgeiste der Tora, von Moses begonnen, den Propheten, Esra, Nechemja und den Makabäern weiter geführt,

5 Ps 137, 5. Siehe Jbn Esra.

6 Ps 137, 2.

7 Im ersten Jahr seiner Regierung erliess Cyrus, einer der erleuchtesten Herrscher des Altertums, das Restaurationsedikt. Dieses Dekret gestattete dem jüdischen Volke die Rückkehr ins eigene Land und den Wiederaufbau des Tempels. Siehe Esr 1, 2ff. und 6, 3ff.

wird von den Geistesfürsten der Mischna und Gemara organisiert und zu einem gewissen Abschluss gebracht. – So bedeutet denn die zweite grosse nationale Katastrophe der jüdischen Geschichte, der 9. Aw des Jahres 70 unserer Zeitrechnung eine Zerstörung des staatlichen Rahmens des jüdischen Volkes, eine grausame Vernichtung des Heiligtums und des religiösen Zentrums, aber keine Vernichtung des jüdischen Volkes und seiner geistigen Unabhängigkeit im historischen Geschehen der Völker.

Überblicken wir vergleichend die beiden weltgeschichtlichen Ereignisse des 9. Aw vom Jahre 586 vor und 70 nach, so können wir in beiden Fällen von einer entscheidenden Niederlage eines relativ kleinen Staates sprechen, die herbeigeführt wird durch die gewaltige Übermacht der jeweils herrschenden Weltmacht. Im Jahre 586 fiel Jerusalem unter den Keulenschlägen des babylonischen Weltreichs. Im Jahre 70 ist Jeruschalajim das Opfer des römischen Imperiums.

Die geopolitischen Verhältnisse sind in beiden Fällen gleich: ein kleiner Staat befindet sich an einem Knotenpunkt von hervorragender geographischer Bedeutung. Im östlichen Gebiete des Mittelmeerbeckens gelegen, somit am ausgesetzten Ufer des mittelländischen Welthandels, der Europa und Afrika mit Asien verbindet. Im Innern bildet dieser Staat eine strategisch-politische Brücke zwischen drei Kontinenten, die für jedes Weltreich unentbehrlich ist.

Das Problem, das sich daraus für den jüdischen Staat ergibt, ist nicht so sehr ein Problem der Neutralität, als vielmehr die Frage einer «splendid isolation». Politisch-staatliche Unabhängigkeit einerseits, kulturell-religiöses Eigenleben anderseits, sind kardinale Forderungen eines gesunden jüdischen Staates. Hat das Reich Juda diese grundlegenden Prinzipien vernachlässigt oder gar verachtet? Ist das mutige und freiheitsliebende Judäa eine Beute der Negierung dieses ersten Grundsatzes jüdischer Staatsraison geworden?

Zur Beantwortung dieser Frage versetzen wir uns in das Jahr 609. Das assyrische Reich wird das Opfer rivalisierender Völker. Der assyrische Koloss bricht zusammen unter dem Ansturm der Meder und Chaldäer. Die Ägypter wollen die Gelegenheit, einen bedeutenden Anteil des assyrischen Erbes zu erobern, nicht müssig verstreichen lassen. Pharao Necho glaubt, ungehindert die Provinz Samaria mit seiner Armee durchschreiten zu können, um den Euphrat zu erreichen. Joschiahu, einer der Könige, der sein Amt als göttliche Aufgabe begreift, nimmt Partei zugunsten Babylons und verweigert im Jahre 609 bei dem Megiddo-Pass den Durchmarsch des ägyptischen Heeres auf dem Weg nach Babylon[8]. Von den Pfeilen der Ägypter getroffen, stirbt dieser gottesfürchtige König, von dem Schlachtfeld Megiddos nach der Hauptstadt zurückgebracht. Juda ist der ägyptischen Oberhoheit von nun an unterworfen.

Selbst wenn wir annehmen, dass Joschiahus bewaffnete Intervention den Zweck hatte, Judas Neutralität zu wahren, so sehen wir in Wirklichkeit, dass dieses Eingreifen den Verlust der Unabhängigkeit sowohl geistig-religiös als auch politisch bedeutet. Von nun an steht Juda nicht mehr beschaulich zur Seite bei dem Ringen um die Macht zwischen Babylon und Ägypten.

8 II Reg 23, 29–30. II Chr 35, 20–24.

So sehen wir denn auch zunächst Joachas, Joschiahus Nachfolger, als gedemütigten Vasallen von Pharao-Necho und als er nach dreimonatiger Regierung vor dem neuen Weltherrscher in Ribla erscheint, da schmiedet er ihn in Ketten und deportiert ihn nach Ägypten.

Aber die weltpolitische Lage ändert sich schnell. Mit dem Siege der Babylonier über das ägyptische Heer bei Karchemisch im Jahre 605 fällt auch die Herrschaft über Juda Babylonien zu. Drei Jahre wird das neue Joch getragen, aber dann empört sich Jojakim[9]. Nach seinem Tode regierte sein Sohn Jojachin drei Monate. Gemeinsam mit der Oberschicht des Volkes wird er nach Babylonien deportiert (597). Damit beginnt das erste babylonische Exil, elf Jahre vor der grossen babylonischen Verbannung.

Zidkijahu, von Nebuchadnezar eingesetzt, lässt sich von falschen Propheten leiten und von eitlen ägyptischen Versprechungen irreführen. Nach neunjähriger Untertänigkeit weigert er sich, den Tribut an Babylonien zu zahlen. Die unermüdlichen Ermahnungen des Propheten Jirmijahus, sich dem Schicksal der Unterordnung unter die babylonische Herrschaft zu fügen, verhallen ungehört und belasten den Propheten mit der Schmach des Verräters. Nebuchadnezar beginnt einen neuen Feldzug und verwüstet das Land systematisch. Zwei Jahre hält Jeruschalajim der babylonischen Belagerung stand. Aber was keine menschliche Heeresmacht vermag, das wird vom Hunger und von Seuchen durchgeführt. Im Monat Tamus dringen die Babylonier in die Stadt

9 II Reg 23, 36.

ein und ein sinnloses Morden beginnt. Zwischen dem 7. und 10. Aw 586 wird die Stadt zerstört und das Heiligtum verbrannt. Juda hat seine Einmischungspolitik mit dem Verluste seines Staates und seiner politischen Unabhängigkeit zahlen müssen.

Die Verantwortung der letzten fünf Könige Judas wiegt um so schwerer, als ihnen ja bei ihren schicksalsschweren Entschlüssen Propheten zur Verfügung standen, die sie vor, wenn auch mutigen, so doch fatalen Schritten hätten zurückhalten können. Aber die Propheten werden verfolgt und wenn sie nicht gerade umgebracht werden wie Uria[10], so werden sie als Verräter gebrandmarkt.

Wenn man die Geschichte der Zerstörung des zweiten Heiligtums übersieht, kann man den Eindruck gewinnen, als ob nicht so sehr die gewaltige Überlegenheit Roms den Sieg davon getragen hätte, als vielmehr der grausame Bruderkrieg in Judäa und in Jerusalem. Dieser Gedanke liegt ja auch dem berühmten Ausspruch unserer Weisen zu Grunde «Mikdasch Scheni Necheraw Al Jedei Sinat Chinnam». Das zweite Heiligtum wurde infolge des unnötigen Bruderhasses vernichtet. Im Talmud Jeruschalmi wird von 24 Sekten berichtet. Die einflussreichsten Gruppen waren die Pharisäer und Sadduzäer. Weniger bedeutend waren die Essäer. Für den Verlauf der Kämpfe von erster Bedeutung waren die Zeloten, die Eiferer, unter Elieser ben Schimon und dem furchtlosen Schimon Bar Giora. Unter den Zeloten entstand eine terroristische Gruppe, die Sikarier, Dolchmänner, die durch At-

10 Jer 26, 20–24.

tentate nach innen und aussen die Macht ergreifen wollten. So sehen wir im Jahre 66 (nach) einen offenen Aufstand von Zeloten und Sikariern. Der syrische Statthalter wird geschlagen. Die Römer antworteten mit grausamen Vergeltungsmassnahmen unter dem Prokurator Florus, der alle Juden von Cäsarea niedermetzeln lässt. Vespasian, zum Kaiser von Rom ausgerufen, überlässt die endgültige Belagerung und Eroberung seinem Sohne Titus. Aber der heldenhafte Widerstand der Zeloten ist auf die Dauer der hochentwickelten Kriegstechnik der Römer nicht gewachsen, die noch einen entscheidenden Verbündeten besitzen, den Hunger.

Obwohl die Römer beschlossen hatten, das Heiligtum zu schonen, warfen römische Soldaten Feuerbrände. Der gesamte Tempelplatz verwandelte sich in ein Feuermeer. Ein Beobachter, Josephus Flavius, schreibt: «Der Tempelberg schien von Grund auf zu glühen, da er von allen Seiten in Feuer gehüllt war, aber noch heftiger als die Feuerströme schienen die Blutströme zu fliessen.»

Ich möchte diese Betrachtungen nicht schliessen mit Verlust, Niederlage und Trauer. In der berühmten Elegie[11] des Rabbi Jehuda Halevi «Zijon Halo Tischali» hören wir folgende Verse:

«Zion in Deiner Schönheit Glanz, wecke Sehnsucht, wekke Liebe. Deiner Kinder Seelen sind für ewig Dir verknüpft!»

11 Es gehört zu den Kinnot, den Klageliedern des 9. Aw. Zu der Elegie bemerkt Franz Rosenzweig: «Wer dieses Gedicht gedichtet hat, den musste es in seiner Todesstunde begleiten. Es liess kein Raum mehr für anderes.» Jehuda Halevi: Zionslieder mit der Verdeutschung und Anmerkungen von Franz Rosenzweig. Berlin 1933 S. 71.

Schliessen wir mit Worten des Mutes, der Sehnsucht und des Stolzes: «Der Götzen Reich mag schwinden, Dein Reich bleibt ewig!»

«Selig, wer harrt und erlebts und schaut, wie aufgeht Dein Licht und anbricht Deine Morgenröte!»

Zu den Aggadot Hachurban[1]

a. Die Mücke im Kopfe Titus

Die Berichte und Betrachtungen, die in den Aggadot Hachurban des Traktats Gittin niedergelegt sind, entwerfen eine vielseitige Darstellung des geschichtlichen Verlaufes und des Sinnes der Zerstörung. Die Skizzen kreisen um drei Zentren: Jerusalem vor der Zerstörung durch Titus (70 n.), Betar und Tur Malka, südwestlich Jerusalems, 65 Jahre später zur Zeit des Bar-Kochba-Aufstands (132–135 n.). Die skizzenhaften Beschreibungen bilden drei geschlossene Kreise, in denen entscheidende Persönlichkeiten aus dem jüdischen und dem römischen Lager auftreten.

Die Aggada in Gittin kümmert sich weder um militärische Einzelheiten der Eroberung Jerusalems, noch um genaue Schilderung der Zerstörung des Tempels. Sie ist vollständig auf die Persönlichkeit des Titus gerichtet. Titus ist der Zerstörer des höchsten Heiligtums auf Erden. Als oberster Feldherr trägt er allein vollständige Verantwortung. Die aggadische Darstellung schildert ihn daher als den Gegenpol des Heiligen, den Antipoden des jüdischen Volkes. Titus wird zum Inbegriff des Frevlers: «Titus Harascha».

Im Rausche des Sieges kennt er keine Grenzen. Gott existiert nicht mehr für ihn. «Wo ist ihr Gott, der Fels, in den

1 Erzählungen über den Untergang. Es sind dies parabolische Darstellungen und sinnbildliche Betrachtungen zur Zerstörung des Heiligtums und Jerusalems. Die Aggadot Hachurban gehören zur Aggada, dem Teil der mündlichen Lehre, die auf Betrachtung, Besinnung und Weltanschauung gerichtet ist im Gegensatz zur Halacha, die auf die Praxis des Gebotes abzielt. Wir beschränken uns hier auf Git 55b–58a.

sie vertrauten?»[2] ruft er triumphierend dem besiegten Judäa zu, höhnend dringt er in das Allerheiligste ein, breitet eine Torarolle aus und feiert auf ihr Orgien. Mit seinem Schwert zerschneidet er dann den heiligen Scheidevorhang. Das aus ihm sprudelnde Blut ist ihm kein Wunderzeichen, sondern Bestätigung höchsten Sieges: er hat der Gottheit den Todesstoss versetzt. Dafür ist ihm das quellende Blut sichtbarer Ausdruck. Der Heide kennt keine andere Gottheit als die aus Fleisch und Blut, körperhaft, begrenzt, dem Tode ausgesetzt wie der Mensch.

Wie erträgt aber der Jude die grösste aller Schmach, Schimpf und Hohn in seinem bereits dem Untergang geweihten Heiligtum? Keine Hasstiraden, keine Rachepläne, aber auch keine Selbstauflösung und Verzweiflung.

Wie steht es denn mit Gott selbst? Ist sein Schweigen nicht Zeichen seiner Schwäche? Abba Chanan gibt darauf die Antwort: «Gottes Stärke ist sein Schweigen!»[3]

Die höhnende Kampfansage bleibt nicht unbeantwortet. Eine Hallstimme wird vernommen. Sie bestimmt eine klare Grenze und fixiert Titus als Prinzip des Bösen: «Rascha Ben Rascha, Ben Beno Schel Esaw Harascha» – «Frevler, Sohn des Frevlers, Enkel von Esaw dem Frevler!» Damit ist Titus' Standort endgültig bestimmt und auch das göttliche Urteil ist ausgesprochen, das sich langsam, schleichend, aber um so

2 Dtn 32, 37. Unsere Übersetzung folgt der Exegese Raschbams, Nachmanides, und Ibn Esras im Gegensatz zu Raschi und Hirsch.

3 Abba Chanan erkennt die machtvolle Offenbarung göttlicher Kraft in der Möglichkeit von Gottes Schweigen. Er deutet Ps 89, 9: «Wer ist wie Du mächtig und undurchdringlich, dass Du die Lästerung und Höhnung jenes Frevlers hörst und schweigst?» Git 56b.

furchtbarer an dem Prinzip des Bösen vollzieht. Titus' Bitte wird gewährt. Er erreicht das ersehnte Land. Der gewünschte Entscheidungskampf kann nun beginnen. Still, fast unbemerkt, schlüpft dem mächtigen Kriegsherrn eine Mücke in die Nase, dringt in seinen Schädel vor und bohrt sieben Jahre lang in seinem Hirn herum. Nur die Hammerschläge eines Schmiedes können die rastlos bohrende Mücke für kurze Zeit zur Ruhe bewegen.

Sind nicht die Schläge des Hammers eine Erinnerung an die eisernen Geräte, die Jerusalem und den Tempel zerstörten? Kann Titus nur durch den hörbaren Widerhall des eisernen Vernichtungswerkzeuges zur Ruhe kommen? Scheinbar kann er nur noch im Echo der Vernichtung seine Ruhe finden. Die Mücke lässt nicht mehr von ihm ab, sie bohrt und bohrt, bis er seinen Tod findet. Von der quälenden Angst konnte er sich nicht mehr befreien. Darum gebietet er, seinen Leichnam zu verbrennen und die Asche auf die sieben Meere zu zerstreuen. Jetzt würde der Gott der Juden ihn nicht mehr finden und vor Gericht stellen.

Der Hass des Titus gegen das jüdische Volk geht über seinen Tod hinaus. In der Totenbeschwörung erscheint er seinem Landsmann Onkelos, der Proselyt werden will und verkündet ihm, dass Israel wohl in jener Welt geachtet ist, aber dennoch verwarnt er ihn, sich ihnen nicht anzuschliessen, vielmehr Israel herauszufordern und anzugreifen. Nur solche Aggressivität führt zu Macht und Herrschaft. Titus selbst ist für immer verdammt: die von ihm gewünschte Strafe wird an ihm vollzogen.

Das ewige Spiel von Aktion und Reaktion im Bereiche des Emotionellen gilt nur für Menschen, die ganz in den Fesseln ihrer Leidenschaft liegen und ihre sittliche Freiheit fast eingebüsst haben.

Gott ist in keiner Gegenständlichkeit zu fassen. Sein Wesen lässt sich nicht durch menschliche Begriffe und Vorstellungen erklären. Sein Verstummen ist Ausdruck seiner Transzendenz, Ausdruck seiner unerschöpflichen Allmacht. Im Lehrhaus Rabbi Jischmaels kannte man ein Wortspiel, das auf der Gleichsetzung Gottheit-Stummheit beruht[4]. Das quellende Blut bezeugt keinen Tod und das Verstummen keine Machtlosigkeit. Das begreifen aber nur die Weisen. Titus scheitert an seinem Unverständnis. Wenn ihm nichts mehr entgegentritt, dann ist ihm alles erlaubt, und er bereitet seinen triumphalen Siegeszug vor. Der erste Schritt hierzu ist der Raub der Geräte des Heiligtums. Frohlockend verpackt er sie in dem von ihm entweihten Scheidevorhang, bringt sie auf sein Schiff und sieht schon im Geiste, wie er mit diesem «Tempelschatz» die Strassen Roms und zuletzt den Triumphbogen als gefeierter Sieger durchzieht. Aber er ist noch nicht an seinem Ziele. Ein Sturm erhebt sich auf dem Meer und droht ihn samt seiner Schiffe zu versenken. In seiner Not ruft er die jüdische Gottheit an, sie herausfordernd, aber damit zugleich seine Schwäche bekundend, fordert er sie auf, den entscheidenden Kampf mit ihm auf dem Festland zu führen. Titus erkennt Gottes Überlegenheit auf dem Wasser. Das hat die Geschichte bewiesen im Kampf gegen Pharao

4 Auch die Schule Rabbi Jischmaels versteht Gottes Schweigen als Ausdruck seiner Machtfülle. Sie geht aber noch weiter, indem sie von der Sprache her Gott unter den Mächtigen, Elim, mit den Ilmim, den Stummen gleichsetzt. Die linguistische Deutung beruht auf Ex 15, 11.

und im Kampf gegen Sisra[5]. Auf dem Lande dagegen fühlt er sich sicher. Aber die göttliche Vorsehung lässt ihn keine Ruhe mehr finden. Die Mücke, die sich in seinem Gehirn eingenistet hat, verdammt ihn zur unsäglichen Qual und zur ewigen Unrast des Gewissens.

b. Der Verfall innermenschlicher Beziehungen

Kamza und Bar Kamza[6]

Unter den Aggadot Hachurban, den vielseitigen Darstellungen und Erzählungen über den Untergang des jüdischen Staates, spielt die Frage nach dem Warum des Zusammenbruches eine wichtige Rolle. War ja die Katastrophe nicht total: das Volk besteht weiter, und auch nie wurde der Anspruch auf die als nur vorübergehend verlorenen Güter und Werte aufgegeben. Die kritische Analyse von schuldigem Verhalten sollte die Wiederholung der Fehler verhindern und auch ih-

5 Jdc 5, 21.

6 Infolge der Verwechslung von Kamza mit Bar Kamza wurde Jerusalem zerstört: «Akamza Uwar Kamza Charuw Jeruschlem». Git 55b. Der Maharal – N J 5, S. 24 – führt diese Namen auf die Grundbedeutung der Wurzel KMZ zurück, die auf teilen, trennen hinweist. Hier würde es also bedeuten, dass diese Männer die Gesellschaft zerklüftet und in kleine Partikeln aufgelöst hätten. Mit ihrem eitlen Hass atomisierten sie Israel. Damit wären Kamza und Bar Kamza eine Illustration zu der Auffassung, dass Sinat Chinnam, der grundlose Hass, die Zerstörung des zweiten Tempels veranlasst haben. Jom 9b. Hermann Cohen sagt: «Es gibt überhaupt keinen Grund und kein Recht zum Menschenhass. Unter dem Leiden am Menschen steht obenan dieser eitle Menschenhass, der tragische Grundzug aller bisherigen Weltgeschichte.» R V 267.

ren positiven Beitrag für das Weiterleben der Nation liefern. Die Geschichte von Kamza und Bar Kamza kann uns dies bestätigen.

Der anonyme Gastgeber und Bar Kamza, zwei Ungeheuer in Menschengestalt! Beide gehen über Leichen. Der Gastgeber vernichtet die Gesellschaft, um seinen grenzenlosen Hass zu befriedigen. Bar Kamza ist bereit, den Staat zu zerstören, um seiner gekränkten Ehre Genugtuung zu verschaffen.

Alles beginnt mit einem banalen oder einem vielleicht gezielten Missverständnis.

Der ungeschickte oder tückische Diener bringt nicht den Freund, sondern den Feind zum Festmahl. Die gesellschaftliche Veranstaltung dient nicht mehr dazu, Menschen einander näher zu bringen, sondern den Hass auflodern zu lassen. Die Verwechslung bei der Einladung und die absolute Unversöhnlichkeit des Gastgebers sind ja schon an sich genügende Zeichen dafür, dass diese Menschen als Gesellschaft bereits zu existieren aufgehört haben. Man hat keine gemeinsame Sprache mehr, die soziale Verbindung ist abgebrochen. Man versteht sich nicht mehr, ein Missverständnis jagt das andere, und man fordert den gesellschaftlichen Skandal heraus. Dem unglücklichen Verlauf des Geschehens können auch die anwesenden Weisen keinen Einhalt gebieten. Ihr Eingreifen hat keine Aussicht auf Erfolg. Stumm und machtlos werden sie unschuldig in die Schuld der Gesellschaft verwickelt.

Soweit hat der Bericht mehr soziologischen Charakter, der wohl von tiefer Zerrüttung gesellschaftlicher Verhältnisse zeugt, aber nicht die Tragweite besitzt, das historische Geschehen unmittelbar zu beeinflussen. Der öffentlich gedemütigte Bar Kamza, eben noch zur Versöhnung bereit, beschreitet die Bahn der gnadenlosen Abrechnung der Selbstjustiz und wird zum teuflisch planenden Volksverräter. Das Schweigen der Weisen empfindet er nicht nur als passive Duldung seiner Schmach, sondern als Komplizität mit dem unversöhnlichen Gastgeber. Eine solch gespannte Konfrontation lässt keine Verständigung mehr aufkommen und verwickelt alle gegen alle in ein dämonisches Labyrinth blinder Selbstzerstörung.

Keine Macht kann den Denunzianten aufhalten. Schon verkündet er am feindlichen kaiserlichen Hof: «Die Juden rebellieren gegen dich.» Auf seinen Rat hin schickt der römische Kaiser ein Opfertier, um den Gehorsam der Juden auf die Probe zu stellen. Bar Kamza bringt dem Tier eine fast unscheinbare Verletzung bei, wodurch es nach jüdischem Gesetz als Opfer untauglich wird.

Das Dilemma ist gross. Wird das Opfertier nicht dargebracht, dann hat Bar Kamza recht, die Juden rebellieren und der Kaiser hat allen Grund, gegen die Rebellen loszuschlagen. Die hier anwesenden Weisen hüllen sich aber nicht in Schweigen. Alles steht ja auf dem Spiel. Zwei Möglichkeiten bleiben offen, um eine Katastrophe zu verhindern. Im Augenblick der Todesgefahr tritt das Opfergesetz zurück oder man tötet den Verräter! Der Entscheid der Weisen ist klar, der Plan Bar Kamzas muss vereitelt werden.

Aber der Beschluss wird nicht ausgeführt. Rabbi Secharja ben Awkules erhebt Einspruch, nicht weil die beiden Entscheidungen dem Toragesetz zuwider sind, sondern weil die Ausnahmegesetze irre führen und die Abweichung als Norm begriffen würde.

Was war Rabbi Secharjas Absicht, sah er nicht das Unglück herannahen und warum unterwarf er sich nicht dem klugen Urteil der Weisen?

Rabbi Secharja war sicher eine überragende Persönlichkeit, dessen edle Beweggründe über jeglichen Zweifel erhaben sind. Davon zeugt die einmütige Annahme seines Rates durch die Weisen und das unerbittliche Urteil selbst, das Rabbi Jochanan über ihn fällt. Dieses scharfe Verdikt lautet: «Rabbi Secharjas Ben Awkules Demut hat unser Haus zerstört, unser Heiligtum verbrannt und uns aus unserem Land verbannt.» Nicht die Persönlichkeit wird angegriffen, sondern seine Anawa, seine Demut, wird verantwortlich gemacht. Wie ist das aber zu verstehen, dass die für uns höchste aller Tugenden, die Demut, unsere grösste Katastrophe heraufbeschworen hat?

Versuchen wir zunächst die Meinungsverschiedenheit zwischen den Weisen und Rabbi Secharja zu begreifen. Einig ist man sich darüber, dass dieses fehlerhafte Opfer eine Herausforderung auf Biegen oder Brechen bedeutet. Weigert man sich es darzubringen, so ist das Majestätsbeleidigung mit ihren schweren Folgen. Wir befinden uns in einem äussersten Notstand, und da hat das authentische jüdische Gesetz zurückzutreten. Überdies besassen die Weisen ein halachisches Prinzip, auf das sie sich stützen konnten, die Lehre vom Schelom Malchut[7], der Sicherung des Friedens mit der Re-

7 Während aber Jeremias von Schelom Hair – Jer 29, 7 – spricht, also das Wohl der «Stadt» fordert, setzt sich Rabbi Chanina für das Wohl der Regierung ein, Schelom Malchut – Av 3, 2. Siehe auch Chorew 96 S. 404ff.

gierung. Aber Rabbi Secharja dringt tiefer in die psychologischen und historischen Zusammenhänge ein. Die Fehler, die der Denunziant dem Opfertier beigebracht hat – an der Oberlippe oder der Netzhaut des Auges – betreffen typische Verbote des jüdischen Opfergesetzes. Hier geht es also darum, jüdische Wesenheit und Eigenart an heiliger Stätte im entscheidenden Augenblick zu verteidigen.

Die Weisen glaubten durch ein Einlenken die offene Konfrontation mit dem Kaiser zu verhindern. Sie unterwarfen sich aber stillschweigend der Entscheidung Rabbi Secharjas. Sicher begriffen sie, dass in Zeiten nationaler und religiöser Verfolgung – Geserat Hamalchut – die Übertretung des geringsten Brauches sogar Aufruf zur Heiligung des göttlichen Namens bedeutet[8], wofür man den Tod erleiden muss. Die Hinrichtung Bar Kamzas hätte wohl den Verräter beseitigt, aber nicht die Rache des Kaisers gegen die «aufständischen Juden». Fälschlich hätte man die jüdischen Opfergesetze für den Tod Bar Kamzas verantwortlich gemacht.

Zweideutige Entscheidungen und unklares Verhalten sind keine Mittel der Rettung des jüdischen Volkes, und unter keinen Umständen soll man sich an sie in Zeiten akuter Gefahr bei zielbewusster Verfolgung festklammern. Wir verstehen Rabbi Secharjas Urteil und die Einwilligung der versammelten Weisen. Widersprüchlich bleibt aber Rabbi Jochanan. Zu Beginn seiner Erzählung beschuldigt er Bar Kamza der Zerstörung Jerusalems. Am Schluss seiner Ausführung

8 San 79a, b. «Rawa Bar Raw Jizchak sagt im Namen Raws: «Sogar nicht den Schuhriemen ändern.» Ferner M T, H J T 5, 3 und Ch A, J D 157, 1.

sagt er aber, dass die Demut Rabbi Secharjas für die Vernichtung, Verbrennung und Verbannung die Schuld trägt.

Bevor wir eine Klärung versuchen, wollen wir noch auf eine weitere Schwierigkeit hinweisen. Im Talmud[9] heisst es «Aus welchem Grunde wurde der zweite Tempel zerstört, obwohl man sich ja mit der Tora, wohlgefälligen Handlungen und Liebeswerken beschäftigte?» Die Antwort lautet: «Weil sinnloser Hass herrschte.» Die selbe Begründung finden wir in ähnlicher Version am Ende der Tosefta Traktat Menachot. Dort werden auch Gründe für die Zerstörung Schilos und des ersten Tempels angegeben, und dies alles im Namen Rabbi Jochanan Ben Torta. Meines Erachtens ist dies der gleiche Rabbi Jochanan, der in Bar Kamzas Auftreten und in Rabbi Secharjas Entscheidung Motivierungen für den Untergang sieht. Sinnloser Hass (gibt es eigentlich einen sinnvollen Hass?) ist die Hauptursache der Zerstörung. Das ist Rabbi Jochanan Ben Tortas Auffassung. Zur Illustration bringt er dann die Geschichte wahnwitzigen Hasses von Bar Kamza, die mit grenzenlosem persönlichem Hass beginnt und mit dem blinden Hass der Vernichtung gegen das jüdische Volk endet.

Hass führt unaufhaltsam zum Verhängnis. Keine menschliche Macht kann da Einhalt gebieten. Nicht einmal die Anawa – die Demut – Rabbi Secharjas. Es geht soweit, dass seine auf hohem ethischen Niveau stehenden Ratschläge selbst in den Wirbel des tragischen Verlaufs einbezogen werden[10]. All

9 Jom 9b.

10 Indem sein Rat Bar Kamza rettet, wird er, von höchster ethischer Warte aus betrachtet, mitschuldig. Auch er hat damit bei der Zerstörung des Heiligtums mitgewirkt. Man könnte aber auch in Rabbi Secharjas

dies soll der Vergangenheit angehören. Für unsere Zukunft beschliesst Rabbi Jochanan Ben Torta in Menachot seine Betrachtungen:

«Aber von dem letzten Bau, der bald in unserem Leben und in unseren Tagen errichtet wird, heisst es – am Ende der Tage wird der Berg des Gotteshauses festgegründet sein über die Gipfel der Berge ... und viele Völker werden sprechen: lass uns doch hinaufsteigen zum Gottesberge, zum Hause des Gottes Jakobs[11].»

«Denn der Tag ist da, an dem die Wächter auf dem Gebirge Ephrajim rufen: Brechet auf und lasst uns hinaufsteigen nach Zion zu Gott unserem Gotte[12].»

Forderung der bedingungslosen Ausführung des Gesetzes selbst in einer Situation des Notstandes einen übertriebenen Eifer sehen, den Rabbi Jochanan verurteilt. Eine originelle Lösung gibt der Maharal. Nach ihm wäre Rabbi Jochanans Ausspruch keine Verurteilung von Rabbi Secharja, vielmehr eine Feststellung, die beinhaltet, dass die Rettungsversuche der Weisen in dieser Schicksalsstunde nicht mehr akzeptiert werden konnten. Das Unrecht war zu weit fortgeschritten. Da wurde Rabbi Secharja zum Instrument des göttlichen Gerichts. N J 5 S. 26.

11 Jes 2, 2f.

12 Jer 31, 5.

V.

ZEIT DES GÖTTLICHEN WOHLGEFALLENS:

ET RAZON. BEJN KESSE LEASSOR

Sühnenbewusstsein in seinem biblischen Zusammenhang

Mit dem Beginn des Monats Elul[1] verändert sich die gesamte Atmosphäre des jüdischen Lebens, jeder einzelne sowie die Gemeinschaft sieht sich plötzlich in einen neuen Zusammenhang mit seiner jüdischen Existenz versetzt. War die Stimmung des vorangehenden Monats Aw von dem Motiv der Trauer und des Trostes bestimmt, so leitet der schrille Schofarton des Rosch Chodesch[2] Elul eine fast zwei Monate dauernde Periode intensiver Selbstbesinnung und innerer Rechenschaftsablegung ein. Dieser Zeitabschnitt ist so einschneidend und mitreissend, dass er in seinen Höhepunkten die Gesamtheit der jüdischen Gemeinschaft erfasst und den Einzelmenschen in seiner ganzen Verfassung aufrüttelt.

Nicht plötzlich, ohne wohlbedachte Überleitung, werden diese Gipfel seelischen Erlebens erklommen. Eine Zeitplanung und eine Sinngebung der Zeit schaffen die äusserlichen Voraussetzungen und die notwendigen inneren Vorbereitungen zu dem Aufstieg in das Bereich des Höhenflugs der Seele. Schofartöne, Elultage, Selichot-Gebete, Asseret Jemei Teschuwa – die zehn Tage der Umkehr – all diese gehören zu

1 Der sechste Monat geht den zehn Busstagen voran, die mit dem folgenden Monat Tischri beginnen. Nach einer Überlieferung ist der Name Elul in den Initialen «Ani Ledodi Wedodi Li» angedeutet. «Ich gehöre meinem Geliebten, und mein Geliebter ist mein», Cant 6, 3. Hiermit wird die innige Beziehung ausgedrückt, die zwischen Gott und Israel auch in diesem Monat ernster Besinnung besteht. Während des ganzen Monats wird täglich Schofar geblasen, und in den sefardischen Gemeinden auch Selichot, eine besondere Kategorie von Bittgebeten, zusätzlich zum Morgengebet verrichtet. In den aschkenasischen Gemeinden werden die Selichot aber erst in den letzten vier bis neun Tagen des Monats gebetet – Sch A, O Ch 581.

2 Neumond.

den Marksteinen die zu den Jamim Noraim, zu den Tagen der inneren Furcht hinführen.

Aber nicht das psychologische Ineinandergreifen, auch nicht die praktische Wirkungsweise dieser Einrichtungen und Vorkehrungen sollen hier beurteilt werden. Vielmehr wollen wir versuchen den ursprünglichen historischen Hintergrund dieser besonderen Zeitprojektierung zu verstehen.

Das Goldene Kalb

Jede geschichtliche Betrachtung ist vor allem auf das Geschehen in seinem zeitlich bedingten Kontext gerichtet. Die Jamim Noraim mit den Asseret Jemei Teschuwa und dem vorangegangenen Monat Elul[3] stehen im engsten Zusammenhang mit der grossen Abirrung, der das jüdische Volk noch an der Wiege seines geschichtlichen Werdens verfiel: die Herstellung und Anbetung des Goldenen Kalbes. Die Urgeschichte der jüdischen Volkswerdung, das Geschehen in der biblischen Epoche bis zum Einzug in Erez Israel[4], ist eine Antizipation der jüdischen Geschichte, die sich zukünftig auf der Bühne der Welt abspielen wird. Bei einer Verfehlung, wie schwer auch immer ihre Belastung niederdrückt, darf es

3 Mosches zweiter Aufstieg auf den Berg Sinai nach dem Reigen des Volkes um das goldene Kalb begann am ersten Elul. Der vierzigtätige Aufenthalt erstreckte sich somit auf den Monat Elul und endete am zehnten Tischri, dem Versöhnungstage. Über Rosch Chodesch Elul und den gesamten Monat Elul als Auftakt zur inneren Umkehr siehe Tur O Ch 581 mit B J und BaCh. Die Hauptquelle ist P R E 44 S. 178 Ausg. Eschkol Jerusalem 1973.

4 Land Israel.

nicht bleiben. Eine Verschuldung wirkt zunächst vernichtend und kann zu einem Nihilismus führen. Die über dem Geschehen schwebende göttliche Gerechtigkeit fordert unmittelbar nach der fatalen Verblendung beim Goldenen Kalb: «Und nun überlasse es mir, so wird mein Zorn wider sie erglühen, so dass ich sie vernichte[5].»

Aber selbst diese stahlharte Notwendigkeit eines solchen Entschlusses wird durch das Zusammenwirken von Gott und Mensch überwunden. Mosche, der bescheidenste unter den Menschen, kann den göttlichen Beschluss nicht annehmen, da er die Regeneration des Volkes an seine leibliche Person knüpft, dabei aber die Vernichtung des existierenden Volkes fordert. «Und dich werde ich zu einem grossen Volke machen[5].»

Vertrauen auf Gottes Güte

Mosches Demut, sein bis an die Grenze menschlicher Selbstverneinung gehendes Vertrauen auf Gottes Güte und seines Volkes Vermögen zur Wiedergeburt erwirken in dieser Stunde schicksalhafter Entscheidung den kühnen Versuch der Umkehrung des göttlichen Urteils: Da kehrte Mosche zu Gott zurück und sprach: «O doch! Es hat dieses Volk eine grosse Versündigung begangen, indem sie sich Götter aus Gold gemacht. Und nun wenn Du ihre Sünde verzeihen möchtest – wenn aber nicht, so lösche mich doch aus Deinem Buche, das Du geschrieben[6].» Mosche lehnt die Alternative,

5 Ex 32, 10.
6 Ex 32, 31f.

die ihn zu einem neuen Ausgangspunkt der jüdischen Geschichte machen würde, ab. Er besteht auf ein Entweder-Oder: Die verzeihende Liebe Gottes gewähre dem Volke Vergebung, andernfalls müsse durch Gottes richtende Strenge seiner persönlichen Sendung ein jähes Ende gesetzt werden.

Im weiteren Sinn geht es hier schon um das, was wir heute als «Nezach Jisrael»[7], die Ewigkeit Israels im historischen Geschehen, bezeichnen. Die Entscheidung ist getroffen bis in die ferne Zukunft. Nichts steht der ewigen Aufgabe des jüdischen Volkes entgegen, nicht einmal die vernichtende Kraft eines schwerwiegenden momentanen Abfalls. Der Bund zwischen Gott und Israel hat Bestand und kann sogar Erneuerung erfahren. «Darauf sprach Er: 'Siehe, ich errichte einen Bund: in Gegenwart Deines ganzen Volkes werde ich Wunder vollbringen, die auf der ganzen Erde und unter allen Völkern nicht geschaffen werden; es soll das ganze Volk, in dessen Mitte Du bist, das Werk Gottes sehen, wie zu fürchten es ist, was ich mit Dir vollbringe'.»[8]

7 Der Begriff geht auf I. Sam 16, 29 zurück. «Nezach Jisrael Lo Jeschakker – Der Machtvolle Israels lügt nicht.» Eine Erweiterung erfährt der Begriff durch zwei Deutungen in Ber 58a. Rabbi Scheila bezieht dort Nezach in I Chr 29, 11 auf den Fall des Bösen – Mappaltah Schel Rischa, so die Version des Maharal in G H S. 19. Nach Rabbi Akiba weist Nezach auf die Ewigkeit Jerusalems hin. Für den Maharal – NJ, Ende der Einleitung – bedeutet Nezach Jisrael sowohl den ewigen Bestand Israels als auch die das Reich des Bösen besiegende Machtfülle Gottes. Die jüdische Untergrundbewegung «Nili» des ersten Weltkrieges wurde von der Nezach Jisrael-Idee entflammt. Die Initialen von Nili sind *N*ezach *J*israel *L*o *J*eschakker!

8 Ex 34, 10.

Der Ablauf von Schuld und Sühne

Eine bange Frage erhebt sich: Ist dieser Bund mit seiner an die Schöpfung reichenden Kraft nicht an die übermächtige Gestalt Mosches gebunden? Der geschichtliche Ablauf von Schuld und Sühne wird hier für alle Zukunft antizipiert. Israels Ewigkeit ist gesichert. Wer könnte aber Mosche als sterbliches Individuum vertreten, wer an seiner statt in die Bresche treten und die Umwandlung vollbringen?

Da lehrt uns das Judentum: Auch die übermächtige Gestalt Mosches bleibt in dem einmaligen zeitlichen Geschehen verwoben und sogar verstrickt. Seine Kraft reicht nicht über das Einmalige des Geschehens hinaus. Der Mensch ist nicht Gott. Auch Mosche vermag nicht in die göttlichen Sphären einzudringen. Seine Kraft beruht auf der Besonderheit und Wirksamkeit des Gebets, das Versöhnung und Sühne Gottes herbeiführen kann. «Es zog Gott an seinem Angesicht vorüber und Er verkündete[9].»

Rabbi Jochanan bemerkt hierzu: «Wäre es nicht ein geschriebener Schriftvers, so könnte man es nicht aussprechen – dies lehrt nämlich, dass der Heilige, Sein Name sei gesegnet, sich wie ein Vorbeter umhüllte und Mosche die Gebetsordnung zeigte und ihm sagte: 'Immer wenn Israel sündigt, soll es vor mir nach dieser Ordnung handeln, und dann werde ich ihm vergeben'[10].» Man ist geneigt zu sagen, dass Rabbi Jochanan aus Furcht vor übermässiger Erhöhung Mosches bis zur Vergottung die natürliche Scheu vor dem Anthropomor-

9 Ex 34, 6.
10 RH 17b.

phismus überwindet und Gott selbst zum Vorbeter der Gemeinde macht. Mosche tritt somit in den Hintergrund. Gott selbst wird unser Fürsprecher und zeigt uns den Weg über das Gebet der Gemeinde, das durch die Wirkkraft der dreizehn Attribute der göttlichen Liebe zur Umkehr zu Gott und zur Erneuerung des Menschen führt.

Darum wiederholen wir immer wieder unermüdlich nach jeder Selicha[11] die «dreizehn Eigenschaften» als Ausdruck unermesslicher göttlicher Milde und unbegrenzter Bereitschaft zur Versöhnung. So kann es nie zur vollständigen Zerknirschung kommen. Das Bewusstsein der Möglichkeit eines Neubeginns wird ohne schwelendes Trauma einer Vorbelastung zu einem Gefühl der Befreiung.

11 Besondere Form des Bittgebetes, Einzahl von Selichot – siehe Anmerkung 1.

Rosch Haschana[1] und Jom Kippur[2] im Zyklus der jüdischen Feste

Wenn man Rosch Haschana und Jom Kippur im Reigen der jüdischen Festtage betrachtet, so befindet man sich zunächst in grosser Verlegenheit. Wo gehören sie eigentlich hin im Rahmen der Feste? Wo ist ihr Platz im Rhythmus des jüdischen Festjahres? Pessach, Schawuot[3] und Sukkot[4] bilden eine Einheit. Sie sind Feste geschichtlichen Ursprungs im Rahmen des regelmässigen Verlaufs des Naturgeschehens. Schon der Name Schalosch Regalim[5] fasst diese drei Feste zusammen. Auch der Ausdruck Moed vereint Pessach, Schawuot und Sukkot. Die Frage wird noch komplizierter; scheinen doch die Jamim Noraim eine künstliche Trennung zwischen Pessach und Schawuot einerseits und Sukkot anderseits zu schaffen, indem sie zeitlich ihren geschlossenen Reigen unterbrechen und zwischen Schawuot und Sukkot stehen. Damit der Schwierigkeiten nicht genug. Rosch Haschana und Jom Kippur bilden einen Anfang. Mit Rosch Haschana beginnt ein neues Jahr und damit befindet sich das letzte der Schalosch Regalim in einem anderen Jahr als die beiden ersten Feste derselben Kategorie, der Schalosch Regalim.

Die Folgerichtigkeit menschlicher Feste-Organisation hätte doch Rosch Haschana mit seinem strengen Charakter ans Ende gelegt, um damit dem jüdischen Festzyklus einen würdevollen und ernsten Abschluss zu geben. Anders aber geht die Logik der göttlichen Gesetzgebung vor: Ki Lo Machsche-

1 Jüdischer Neujahrstag.
2 Versöhnungstag.
3 Wochenfest oder Offenbarungsfest.
4 Hüttenfest.
5 Die drei Wallfahrtsfeste, Schalosch Regalim – Ex 23, 14.

wotai Machschewoteichem Welo Darkeichem Derachai[6]. Können wir trotz dieser offensichtlichen Diskrepanz nicht doch einen Schlüssel finden, der uns die Möglichkeit einer Deutung eröffnet?

Betrachten wir darum zunächst die verschiedenen Moed-Kapitel der Tora nach ihrem Inhalt und Sinn, werfen wir dann einen Blick auf die bezugnehmende Mischna und Gemara, um dann zur geschichtlichen Sicht überzugehen.

Eine Antwort, die sich auf geschichtliche Tatsachen beruft, ist wohl einfach, aber nicht sehr befriedigend, denn auch die Geschichte ist von Gott gelenkt und so dürfte eigentlich kein Widerspruch bestehen zwischen der göttlichen Geschichtsführung und der göttlichen Gesetzgebung der Tora.

Sowohl in Wajikra[7] als auch in Bamidbar[8] finden wir Rosch Haschana und Jom Kippur im chronologischen Rahmen der Feste. Eine Dreiteilung in Gruppen von je zwei Festen: 1. Pessach mit Schawuot, das auch Azeret[9] genannt wird; 2. Rosch Haschana und Jom Kippur und 3. Sukkot mit Schemini Azeret sprengt die immer wieder erscheinende Einheit des Festkreises.

Es ist eine Tatsache, dass mit Nissan der erste Monat beginnt, denn von diesem Monat des Auszuges aus Ägypten

6 Meine Gedanken sind nicht euere Gedanken und euere Wege sind nicht meine Wege – Jes 55, 8.

7 Lev 23, 24–32 innerhalb des Abschnittes über die Feste, Paraschat Moadot Schel Torat Kohanim, Meg 30b, der sich über die gesamten 44 Verse des 23. Kapitels erstreckt.

8 Num 29, 1–11 im Rahmen der Opfergesetze für die Feste 28, 16–29, 39.

9 R H 16a; Schewi 1, 1; Pes K 8, S. 138; 424; 458; 472.

heisst es: «Diese Mondeserneuerung sei Euch Anfang von Neumonden. Er sei Euch der erste unter den Monaten des Jahres[10].» Eine ebenso unerschütterliche Tatsache ist es, dass der Monat Tischri der siebente Monat genannt wird. «Im siebenten Monat, am ersten des Monats soll Euch Werkeinstellung sein, Terua-Rückblick, Berufung zum Heiligtum[11].» Ferner lesen wir: «Und im siebenten Monat, am ersten des Monats soll Berufung zum Heiligtum Euch sein, kein Dienstwerk dürft Ihr schaffen, ein Tag erschütternden Tones soll Euch sein[12].» Trotz dieser angeführten Schriftbelege bezeichnen wir den Jom Terua[13] des siebenten Monats als Rosch Haschana, Beginn des Jahres. Wir haben, um es vorweg zu nehmen, eine Doppelerscheinung vor uns.

Rosch Haschana ist im siebenten Monat und zugleich Jahresanfang. Wir zählen demnach unsere Feste nach einem doppelten Zyklus. Das Jahr der Welt, das mit Tischri beginnt und das spezifische jüdische Jahr, das mit Nissan, dem Chodesch Hageula, dem Monat der Erlösung anfängt. Das Weltjahr bleibt dennoch dasselbe und es beginnt auch weiterhin im Tischri. Aber ihm gesellt sich ein Rosch Chodaschim, ein Anfang von typischen jüdischen Monaten hinzu.

10 Ex 12, 2.
11 Lev 23, 24.
12 Num 29, 1.
13 Tag der Terua. Terua ist eines der drei Tonsignale des Schofars, welches das lagernde Volk in der Wüste zum Aufbruch rief – Num 10, 4–5 – und an Rosch Haschana zur Rückkehr und zum inneren Aufbruch ermahnt. Es ist ein Alarmton, der aus kurzen Stosstönen besteht. Jom Terua weist somit auf den Jahresanfang als Jom Hadin, Tag des göttlichen Gerichts hin.

Zwei Tatsachen aus der mündlichen Lehre beweisen die Richtigkeit dieser Auffassung. In der ersten Mischna des Traktats Rosch Haschana lesen wir: «Am ersten Nissan ist Rosch Haschana hinsichtlich der Regierungsjahre jüdischer Könige und der Reihenfolge der jüdischen Feste.» In derselben Mischna heisst es dann weiter, dass der erste Tischri den Jahresanfang bildet, unter anderem auch betreffs der Zeitrechnung nichtjüdischer Könige. Ferner können wir uns auf folgende Stelle der Mechilta[14], Paraschat Bo, stützen: «Diese Mondeserneuerung sei Euch Anfang.» Hier wird Adam, der der Beginn der Schöpfung, d.h. der Menschenwelt ist, nicht erwähnt, obwohl Er weiss und bezeugen kann, dass Tischri der erste Monat der Weltschöpfung ist, trotzdem wird er nicht als Anfang betrachtet im Zusammenhang mit dem Kiddusch Hachodesch[15]. Ebenso finden wir eine Stelle des achten Kapitels, Vers 2, des ersten Buches der Könige, die so lautet: «Im Monat Etanim[16], das ist der siebente Monat», d.h. nach der ursprünglichen Rechnung der Weltjahre wurde dieser Monat Tischri, der erste Monat der Schöpfung genannt. Aber jetzt, nach dem Auszug aus Ägypten, heisst er der siebente Monat, nach der Erlösung des jüdischen Volkes.

14 Mech J, Massechet Depis'cha 1, S. 7.

15 Gebot der Bestimmung und Heiligung der Monatsanfänge durch eine autorisierte Vertretung des Volkes – Ex 12, 2; RH 22a, 25b.

16 Jonathan Ben Usiel umschreibt Etanim als den «alten Monat, den man den ersten Monat zur Festzeit nannte, der jetzt der siebente Monat ist» zu I Reg 8, 2. Jonathans Auffassung ist auch von Raschi und Redak – Rabbi David Kimchi – zur Stelle und von Ramban zu Gen 8, 5 akzeptiert.

Diese Auffassung deckt sich auch mit der Ansicht Rabbi Eliesers: Im Tischri wurde die Welt erschaffen, im Tischri fällt die Geburt und der Tod unserer Urväter, im Nissan wurden unsere Väter erlöst[17].

Wir sehen also, dass trotz zwei verschiedener Berechnungen keine Dualität eingetreten ist. Ja, wir können noch weiter gehen und behaupten, dass alle jüdischen Feste, mit Pessach begonnen und mit Sukkot abgeschlossen, eine Einheit darstellen. Pessach ist ein Anfang, der in engster Form mit Schewuot verbunden ist, über Rosch Haschana und Jom Kippur zu Sukkot und Schemini Azeret, dem Abschlusse führt. Erläutern wir kurz diesen Weg. Pessach ist das Fest nationaler Freiheit. Wie bedeutungsvoll uns diese Freiheit ist – sie bildet ja die Grundlage und Bedingung des jüdischen Volkes – erkennen wir in der Motivierung «Secher Lijziat Mizrajim»[18] in unseren Gebeten und bei vielen Gesetzen. Sie erinnert uns immer wieder daran, dass ohne diese Freiheit überhaupt keine moralische Existenz und keine sittliche Gesellschaft möglich ist. Dennoch bleibt es nicht dabei. Pessach ist kein Endziel. Ein sieben Wochen langes Zählen leitet zu dem Wochenfeste hin und dokumentiert uns, dass die Freiheit erst durch opferfreudiges, entschlossenes Aufsichnehmen der Tora und der Gebote ihren wahren Sinn erhält. Nur die in den Tafeln des Bundes gegrabene Freiheit[19] gewährt echte

17 R H 10bf. Auch das Mussafgebet von Rosch Haschana beruht auf Rabbi Eliesers Auffassung, indem es Rosch Haschana als Tag der Schöpfung auffasst. «Dieser Tag, der Anfang Deiner Werke, ist eine Erinnerung des ersten Tages.»

18 Erinnerung an den Auszug aus Ägypten.

19 Nach Av 6, 2 ist die Freiheit mit dem Gesetz identisch.

Freiheit. Wirkliche Freiheit – die Freiheit, die von allen menschlichen Schwächen erlöst[20] – bietet nur das göttliche Gesetz. Aber diese Freiheit ist, wie die Tora selbst, ein kostbares Gut, das dauernd der höchsten Pflege bedarf. Die geringste Vernachlässigung hat eine unmittelbare Entfernung von diesen höchsten Werten zur Folge. Dem abzuhelfen, kommt der siebente Monat, der mit Rosch Haschana und Jom Kippur zur Selbstprüfung und zur inneren Besinnung aufruft.

Der schrille und ermahnende Schofarton rüttelt unser Gewissen auf, er weckt uns und verhindert einen seelischen Untergang durch erbarmungslose Selbstkritik, die die Teschuwa, die Rückkehr zu Gott und zur Tora ermöglicht. Nur auf dieser Grundlage des Cheschbon Hanefesch[21] können wir vertrauensvoll dem Jom Kippur mit seiner Kappara[22] entgegen gehen. Eine innere Abrechnung mit der Majestät des eigenen Ichs und der konsequent darauf folgenden Teschuwa[23], d.h. der Verneinung der gemütlichen oder hochmütigen Selbstvergötterung, nur das kann der Sinn des «Kehre zurück, Israel, zu Deinem Gotte»[24], sein. In dem Masse, in dem wir uns Gott nähern, entfernen wir uns aus dem gefährlichen Zauberkreis, in dem die Ichheit ihre unumschränkte Macht beansprucht.

20 Nach dem Sohar führt die durch die Tafeln des Bundes verbürgte Freiheit zur Freiheit gegenüber dem Engel des Todes, zur Freiheit von der Versklavung durch die Weltreiche und Freiheit gegenüber allem – So Bd. 4, S. 115, zu Ex Mischpatim.

21 Dem Gewissen Rechenschaft ablegen, Selbstprüfung.

22 Sühne.

23 Umkehr.

24 Hos 14, 2.

Und dennoch, weder mit der inneren Erschütterung des Tags des göttlichen Gerichts, des Jom Terua, noch mit dem Darbenlassen unserer Lebensgeister am Jom Kippur, findet das Jahr der jüdischen Feste seinen Abschluss. Auf der Höhe der Reinheit und Keduscha angelangt, gilt es, die neue Richtung im täglichen Leben weiter zu beschreiten. Die Innujim[25], das sich körperliche Selbstbeschränken, darf nicht in einer Flucht aus dem Leben und seinen Realitäten enden. Es ist unsere Aufgabe, die schwer errungene Reinheit der Jamim Noraim in die Wirklichkeit des Lebens zu übertragen. Das Fasten und Kasteien beansprucht nur einen Tag in unserem Festzyklus und ist durch die Tatsache der Gleichsetzung des Essens am Rüsttage des Jom Kippur mit dem Fasten am Jom Kippur selbst begrenzt und damit die Warnung ausgesprochen: eine unnötige, nicht gebotene, Selbstzerknirschung hat keinen Raum in unserem Kreise.

Darüber hinaus können wir beobachten: Jom Kippur ist noch kaum ausgeklungen, so wenden wir schon unsere ganze Aufmerksamkeit der Mizwat Binjan Sukka, dem Bau der Sukka, zu. Wir verweilen nicht bei dem Fasten und Kasteien, sondern schreiten fort zu dem: «Ulkachtem Lachem Bajom Harischon Peri Ez Hadar Kappot Temarim Waanaf Ez Awot Wearwei Nachal. – Und Ihr nehmt Euch am ersten Tag (Sukkot) Frucht vom Baume Hadar, Palmzweigblätter, Zweige vom Myrtenbaum und Bachweiden[26].» Wir schreiten fort

25 Enthaltung von sinnlichem Genuss, zusätzliches Gebot neben der Einstellung der Werktätigkeit am Versöhnungstag. Hierzu Lev 16, 29; Lev 23, 29; Jes 58, 3 und 5.

26 Lev 23, 40.

vom Verbot des Genusses, von der Pflicht der Entsagung, zur Mizwa des Nehmens der Früchte, die Gottes Natur uns bietet, weihen mit ihnen unser Leben und gelangen zum Höchsten, das uns dieses Leben bieten kann, Simcha Schel Mizwa, die wahre, ungetrübte Freude an der Erfüllung der göttlichen Pflicht.

Die Gemara berichtet: «Wer die Freude des Wasserschöpfens (am Sukkotfeste) nicht gesehen, der hat nie eine wahre Freude gesehen[27].»

So schliesst sich denn der Kreis der jüdischen Feste nicht mit Jom Kippur, sondern mit dem aktiven Wirken des jüdischen Menschen innerhalb der Gesellschaft, befriedigt durch die Heiligung der menschlichen Güter und ihrer freudigen Weihe durch die Mizwa.

27 Suk 51a, b.

Der Ruf zur Umkehr

Die zehn Tage zwischen Rosch Haschana und Jom Kippur, sind der Umkehr gewidmet. Der Prophet Jesaja sprach: «Sucht Gott da er sich finden lässt[1].» Rabba Bar Awuha sagt dazu: «Dies sind die Tage zwischen Rosch Haschana und Jom Kippur[2].»

Im Midrasch Tanchuma zu Haasinu[3] heisst es, dass das Sich-finden-Lassen des Propheten von den zehn Tagen der Umkehr spricht, denn da ist die Schechina, die göttliche Allgegenwart uns besonders nahe.

Woraufhin ist eigentlich diesen zehn Tagen der Stempel der Umkehr und Reue aufgedrückt worden? Rabbi Nehorai antwortete darauf: Wegen der zehn Prüfungen, durch die Awraham Awinu geprüft wurde und die er alle siegreich bestand, und weil er in seinem Gebet zur Rettung von Sodom den göttlichen Freispruch noch erwirken wollte, selbst wenn die Stadt nur zehn gerechte Männer hätte[4]. Raw Aba führt zehn Teschuwatage auf Isaak zurück, der in seinem Gelübde den zehnten Teil von seinem Hab und Gut Gott gelobte[5]. Der vollkommene Einsatz für die göttlichen Zwecke oder die Bereitschaft, eine Menschengruppe zu retten oder, nach Raw Aba, der Selbstverzicht, das heisst, freiwillig Gott seinen Zehnt, sein Maasser, darzubringen, haben die Zahl zehn erhoben, sie geheiligt und zu einer Einheit von zehn Tagen der Teschuwa prädestiniert[6].

1 Jes 55, 6.
2 RH 18a. Hierzu MiT, HT 2, 6.
3 Mid T Paraschat Haasinu 4, S. 939.
4 Gen 18, 32.
5 Gen 28, 22.
6 E S 22. Siehe JN S. 167.

Der Rambam sagt in seinen Hilchot Teschuwa[7]: Obwohl Rückkehr und Gebet zu jeglicher Zeit zur Führung der Welt gehören, so sind doch Umkehr und Gebet in den zehn Tagen zwischen Rosch Haschana und Jom Kippur von besonderem Wert und werden sofort empfangen, denn es heisst: «Sucht Gott, da er sich finden lässt.» Dies bezieht sich aber vor allem auf den Einzelnen, hingegen wird die Gemeinschaft zu jeder Zeit erhört, da sie zur Umkehr entschlossen ist und im echten Gebet sich zu Gott hinwendet, wie dies heisst: «Wer ist wie dieses grosse Volk, dem Gott nahe ist, so wie unser Gott in all unserem Flehen zu Ihm[8]?»

Innerhalb der zehn Tage der Umkehr nimmt der Schabbat Schuwa[9] eine besondere Stellung ein. Die Botschaft der Umkehr verkündet der Prophet Hosea, aus dessen Buch die Haftara gewählt ist. Man könnte ja einwenden: Genügen denn nicht die zwei Tage des göttlichen Gerichts, die zwei Rosch-Haschana-Tage mit ihren schrillen Warnsignalen, die das Schofar vermittelt? Ist denn unser Herz nicht von den ergreifenden Pijutim[10] gerührt worden? Hat nicht der «Unetanne Tokef»[11] mit seinen realen Motiven von schrecklichem Tod

7 Mi T, HT 2, 6.

8 Dtn 4, 7.

9 Sabbat nach dem Neujahrsfest. Der an diesem Sabbat vorgetragene Prophetenabschnitt beginnt mit dem Wort «Schuwa». Daher der Name «Schabbat Schuwa».

10 Religiöse Dichtungen, die in die Hauptgebete eingeschaltet werden. Das Machsor, Gebetbuch für die Feste, enthält die für jedes Fest bestimmten Pijutim, Selichot und Kinnot sind besondere Gattungen der Pijutim, die in den besonderen Gebetbüchern, die den gleichen Namen tragen gesammelt sind.

11 Name eines der ergreifendsten Pijutim, der die Hauptmotive des Tages des göttlichen Gerichtes in einigen mächtigen Strichen schildert und

und Vernichtung unser Inneres aufgewühlt? Wer da bei dem Flehen des Awinu Malkenu[12]: «Tue es um derer willen, die durch Feuer und Wasser gingen für die Heiligung Deines Namens», noch kalt, stur und ungerührt geblieben ist, für den gibt es kein Mittel, ihn aus der krankhaften Selbstzufriedenheit und der tötenden Lethargie zu erwecken.

Da erschallt Hoseas Ruf: Schuwa Jisrael![13] Jeder der zu Israel gehört, besitzt doch mindestens einen Funken von Wahrheit, der sich an prophetischen Worten entzünden und weiter entfachen lässt. Ad Haschem Elokecha – Bis zu Ihm Deinem Gott![14]

Was bedeutet das? Unsere Weisen sagen dazu: «Gedola Teschuwa Schemaggaat Ad Kisse Hakawod – Gewaltig ist die Macht der Rückkehr, denn sie reicht bis zu dem göttlichen Thron!»[15] Drei grundsätzliche Voraussetzungen gehen nach Hosea jeglicher echten Rückkehr voran: «Aschur Lo

durch gleichnisreiche Sprache und Melodie ein Erschaudern bei Betenden erweckt. Die Überlieferung berichtet, dass der Märtyrer Rabbi Amnon aus Mainz (11. Jh.) sie in seiner Todesstunde verfasste und 3 Tage nach seinem qualvollen Tode dem Paitan – Dichter religiöser Hymnen – Kalonymus Ben Meschullam, im Traum erschienen ist und ihn das Gebet lehrte mit der Bitte, es in der Diaspora zu verbreiten.

12 «Unser Vater, unser König», Bittgebet, das zweimal täglich in den zehn Tagen der Umkehr gebetet wird. Die Bitte, die je nach dem Brauch zwischen 22 und 53 Verse umfasst, geht auf Rabbi Akiba zurück – Taan 25b. Rabbi Jakob Ben Ascher, (1270–1340) sowie Amram Gaon, (gest. ca. 875) kennen 22 alphabetisch geordnete Verse – Tur Sch A, O Ch 602. «Unser Vater», «Unser König» stehen für die beiden Weisen der göttlichen Weltführung.

13 Kehre um, Israel! Hos 14, 2.

14 ebd.

15 Jom 86a.

Joschienu, Al Sus Lo Nirkaw, Welo Nomar Od Elokeinu Lemaassei Jadeinu. Aschur wird uns nicht helfen! Auf Pferden werden wir nicht mehr reiten! Und wir werden nicht fernerhin unser Händewerk als unseren Gott ansprechen!»[16]

Aschur (Assyrien) ist die vorherrschende Weltmacht zur Zeit des Propheten Hosea. Der Prophet warnt nachdrücklich davor, sich auf die Stärke Assyriens zu verlassen. Aber auch die eigene Machtentfaltung soll nicht Quelle und Zuflucht des nationalen Selbstvertrauens bilden. «Wir wollen nicht mehr auf Pferden reiten!»[17] Dies ist ein klares Bekenntnis gegen den ausschliesslichen Verlass auf die Ausrüstung durch Waffen. Denn das Pferd ist zur Zeit Hoseas das Grundbild maximalen Kriegseinsatzes. Wir erinnern uns dabei des 33. Psalms, den wir jeden Schabbat beten: «Scheker Hasus Litschua, Uwerow Cheilo Lo Jemallet[18].» Eine Lüge bedeutet das Pferd als Objekt der Hilfe und mag seine Kraft noch so gross sein, so kann es doch keine Rettung bringen!

Weder das Vertrauen auf eine fremde Macht noch die Zuversicht auf eigene Kraft können den Worten Hoseas gemäss Israel Sicherheit gewähren. Die dritte Warnung des Propheten gilt der Vergötterung des eigenen Händewerks, des eigenen Fleisses und des wirtschaftlichen Erfolgs, geschweige denn des Missbrauchs der eigenen Leistung.

Immer und immer wieder erschallt der Teschuwa-Ruf unserer Propheten. Auch der Schofarton ist ein Alarmzeichen zur Rückkehr. «Kann denn in der Stadt das Schofar ertönen,

16 Hos 14, 4.
17 ebd.
18 Ps 33, 17. Hierzu Am 2, 14–16.

ohne dass das Volk erbebt?»[19] fragt der Prophet Amos. Der Midrasch veranschaulicht das an einem eroberten Gebiet. Ein erfahrener Mann sucht durch Ermahnung und klugen Rat seinem besetzten Land zu helfen. Wer ihm folgt, wird gerettet, wer sich aber klüger dünkt, fällt dem Schwert der wütenden Soldaten zum Opfer. Jecheskel spricht es in klaren Worten aus, dass Gott nicht den Tod des Frevlers will. Seine Botschaft lautet vielmehr: «Ki Im Beschuw Rascha Midarko Wechaja!»[20] Der Gestrauchelte möge seinen Weg verlassen und am Leben bleiben! Mit eindringlicher Stimme warnt Jecheskel: «Schuwu, Schuwu Midarcheichem Haraim, Welamma Tamutu Beit Israel? – Kehrt doch um von Euren falschen Wegen. Warum sollt Ihr denn dem Tode geweiht sein, Haus Israel[21]?»

Die Teschuwa ist eine strenge Notwendigkeit. Der Wille zum Leben fordert die Rückkehr. Denn ohne sie wird Schuld und Fehl den Menschen zu Fall bringen: «Ki Kaschalta Baawonecha[22] und kein Mensch kann Dich wieder aufrichten – bemerkt Ibn Esra[23] – nur Gott allein!

Wird man aber nicht einwenden, die Macht des Schlechten ist unbezwingbar, dem Jezer Hara[24] ist doch nicht beizukommen? Darauf gab Rabbi Simai im Zusammenhang mit dem

19 Am 3, 6.
20 Ez 33, 11.
21 ebd.
22 Hos 14, 2. Denn du bist durch deine Sünde gestrauchelt.
23 Abraham Ibn Esra (1089–1164) Dichter, Philosoph, Astronom und bedeutender Kommentator zur Bibel.
24 Die Neigung zum Bösen, der Gegenpol ist der Jezer Hatow, der natürliche Impuls zum Guten. Hierzu Gen 8, 21; Ps 103, 14; Ber 61a; Kid 30b; Suk 52a, b.

erwähnten Ausdruck «Kaschalta Baawonecha» die Antwort mit folgendem Gleichnis: Der Stein des Anstosses «Hamichschol» besteht aus einem hohen Felsen, der an einer Wegkreuzung liegt und Unfälle verursacht. Da erlässt der König den Befehl, den Felsen so lange zu behauen, bis er verschwunden ist. So spricht auch Gott zu Israel: der Jezer Hara ist ein gewaltiges Hindernis! Behaut ihn unaufhörlich immer wieder, zügelt ihn, beherrscht ihn, bis ich ihn von der Welt endgültig entferne. Das ist auch der Sinn der Worte Jecheskels: «Wahassiroti Et Lew Haewen Mibsarchem. Ich werde das steinerne Herz aus Eurem Körper entfernen[25].»

Wie stark aber auch immer das Prinzip des Schlechten sein mag, wie ist es dennoch möglich, dass der Mensch gegen den Willen seines Schöpfers handelt? Heisst es denn nicht in Kohelet: «Assa Haelokim Et Haadam Jaschar[26].» Gott hat den Menschen recht geschaffen zur Erfüllung der Tora und zur Ausübung seines Willens. Wie also kommt der Mensch dazu, anders zu handeln? Der Grund liegt darin, dass der Schöpfer den Menschen zu einem freien Wesen geschaffen hat, das keinem Zwange eines Naturgesetzes in seinen Handlungen folgen muss, das hingegen in freier Wahl, in vollkommener Bechira, in absoluter Willensfreiheit, seine Handlungen nach eigenem Ermessen bestimmen kann. Diese Freiheit soll sich sowohl in der guten als auch in der schlechten Handlung manifestieren. Wer «Bemesid» handelt, das heisst mit vollkommenem Bewusstsein und in klarer Kenntnis der Dinge sündigt, der handelt wohl aus freien Stücken.

25 Ez 36, 26.
26 Koh 7, 29.

Wie ist aber eine Sünde «Beschogeg»[27], unabsichtlich, unbewusst, ungewollt möglich? Hier wird doch die «Schegaga»-Handlung ohne Absicht, also auch ohne Freiheit des Wollens, durchgeführt. Wie ist es zu verstehen, dass das Geschöpf in diesem Fall seiner Natur zuwider dem Willen seines Schöpfers entgegenhandelt?

Hier liegt ein tiefes psychologisches Geheimnis der menschlichen Natur, das uns Hosea bereits offenbart hat (und nicht erst Freud durch den Begriff der Fehlleistung). Der Mensch begeht keine «Schegaga-Handlung», es sei denn, dass er bereits dieselbe Tat wissentlich und bewusst früher erstrebt hat. Das ist der Sinn des «Ki Kaschalta Baawonecha»[22]. Du bist versehentlich gestrauchelt, weil du bereits diese verbotene Handlung im Inneren des Bewusstseins ausgeführt hast. Darin liegt auch der Grund dafür, dass die Sündopfer der Tora nur für Schogegfälle möglich sind. Von frevelhafter Schuld kann kein jüdisches Opfer befreien.

Halten wir nun fest: Der Mensch ist frei in seinen Entschlüssen. Der Jezer Hara ist nicht autonom, er ist eben nur Jezer des Jozer, ein Gebilde des Schöpfers. Der Jezer ist nicht determiniert, er kann sich auch als Jezer Hatow entfalten. Das Judentum kennt keine Erbsünde. Die Möglichkeit zum Guten ist mit derselben elementaren Urkraft dem Menschen gegeben. Hier befindet sich auch eine der Hauptquellen der Teschuwa. Vergessen wir nicht, liegt nicht in uns der Ruach Hakodesch?[28] Flehen wir nicht gerade in diesen Tagen in un-

27 Gegensätzlicher Begriff zu Bemesid. Über die Anwendung der beiden Begriffe siehe z.B. Schab 6a; Bez 30; Git 52b.

28 Der Geist zum Heiligen.

serem Gebet: «Weruach Kodschecha Al Tikkach Mimenni? – Oh, nimm doch nicht von mir den Geist Deiner Heiligkeit!»[29]

Die Teschuwa gehört zu den Chasdei Haschem, den göttlichen Liebestaten. Die 13 Attribute beginnen mit dem doppelten Ausruf des göttlichen Namens der Milde: Haschem, Haschem! Rabbi Jochanan sagt dazu: Ich bin der liebende Gott, der Middat Harachamim, der von Liebe erfüllten Waltungsweise bevor der Mensch sündigt, und ich bin es auch, nachdem der Mensch gesündigt und das Werk der Umkehr an sich vollzieht[30]. Die Teschuwa ist aber auch eine Verpflichtung und gehört als solche zu den 613 Geboten.

Hier allerdings scheiden sich drei grosse Geister unserer Gesetzesinterpreten: Rambam, Ramban und Rabbenu Jona[31]. Nach dem Rambam gehören die Teilakte der Teschuwa nicht zur positiven Verpflichtung. Die Mizwahand-

29 Die Bitte ist dem ergreifenden Psalm Davids um Vergebung entnommen – Ps 51, 14. Sie ist in dem Selichotgebet Sechor Lanu Berit einverleibt, gehört aber zu dessen letztem Teil, der mit Schema Kolenu beginnt, und in dem westaschkenasischen Ritus nicht aufgenommen ist. Hierzu «Machsor Lejamim Hanoraim» Bd. 2 Jom Kippur von Daniel Goldschmidt, Jerusalem 1970, S. 43 und «Seder Selichot» desselben Herausgebers, Jerusalem 1970, S. 9.

30 R H 17b.

31 Rambam, Anfangsbuchstaben des Gesetzlehrers, Philosophen und Arztes Rabbi Mosche Ben Maimon, (1135–1204). Berühmt unter dem Namen Maimonides. Ramban, Anfangsbuchstaben des Bibel- und Talmudkommentators Rabbi Mosche Ben Nachman, (1194–1268). Bekannt auch unter dem Namen Nachmanides. Rabbenu Jona Ben Abraham Gerondi, (ca. 1200–1263), Verfasser talmudischer Kommentare und berühmt durch seine weitverbreitete ethische Schrift, «Schaarei Teschuwa».

lung besteht in der Widdui, dem Sündenbekenntnis. So heisst es zu Beginn der Hilchot Teschuwa des Rambam[32]: «Wenn jemand sich zur Teschuwa verpflichtet und von seiner Sünde umkehrt, gebietet das Gesetz, vor Gott gelobt sei Er, ein Geständnis abzulegen.» Maimonides unterstreicht den rein verbalen Akt. «Diese Widdui», so fährt er dann ausdrücklich fort, «ist ein positives Gebot!» Das Sündenbekenntnis ist die grösste Demütigung, die wir unserem Stolz abringen müssen. Wir wissen, welche Bedeutung die Widdui bei den Opfern einnahm, die verschiedenen Sündenbekenntnisse des Kohen Gadol[33] stehen heute im Mittelpunkt der Wiederholung des Mussafgebetes, der Avoda[34], vom Jom Kippur. Sündenerklärungen sind das «Aschamnu»[35] und das «Al Chet»[36].

Wenn auch das Sündenbekenntnis grösste Selbstüberwindung verlangt, und man sich mit ihm eine eigene Bestrafung auferlegt, so ist das Werk der Teschuwa noch nicht vollendet. Die wahre Umkehr fordert eine Neuorientierung, das Suchen und auch das Finden eines neuen Weges.

Wir verstehen darum, dass nach einem anderen grossen jüdischen Gelehrten, dem Nachmanides, die Pflichterfüllung der Teschuwa nicht nur in der Widdui besteht, sondern in

32 M T, H T 1, 1. Ferner S Ha Asse 73 und S Hach 364; in der Ausgabe Chavel 363. Jerusalem 1977, 11. Auflage.

33 Des Hohenpriesters.

34 Pijut, der den Dienst – Awoda – des Hohenpriesters im Heiligtum zu Jerusalem am Versöhnungstage darstellt.

35 «Wir haben uns verschuldet», Sündenbekenntnis in alphabetischer Anordnung. Auch Widdui Suta, kurzes Sündenbekenntnis genannt.

36 «Wegen der Sünde», zusätzliches Bekenntnis der Sünden, das auch Widdui Rabba, das grosse Sündenbekenntnis genannt wird.

dem gesamten Prozess, den die Umkehr bildet. Er stützt sich auf das dreissigste Kapitel des Fünften Buches: «So wirst du es dir zu Herzen bringen unter allen Völkern wohin Gott, dein Gott dich verwiesen. Du wirst bis zu Gott, deinem Gotte, zurückkehren und auf seine Stimme hören[37].»

Die vier eindringlichen und ausdrucksvollen Verse dieses Kapitels[38] beschreiben nach dem Ramban die reale Möglichkeit zur Teschuwa und die vollkommene Freiheit des Menschen, die Umkehr zu erwirken. Weder ein geistiges noch ein physisches Hindernis kann die Umkehr hemmen. Nicht unbegreiflich und unfassbar ist die Teschuwa. «Vielmehr ungemein nahe ist dir der Gegenstand (der Teschuwa), mit deinem Munde und mit deinem Herzen es zu vollbringen[39].» Der Akt der Umkehr wird hiermit zu einem integralen Bestandteil des sittlichen Menschen. Mund und Herz, Bekenntnis und Tat, schaffen den Menschen, der sich der Erneuerung durch Wort und Gesetz bereitstellt. Der Mensch auf ethischem Neuland hat damit den Standort erreicht, der ihm Sühne und Versöhnung mit Gott gewährt.

Die Macht der Teschuwa ist unbegrenzt. Sie bewirkt schliesslich die Erlösung, die Erlösung Israels aus dem Exil in der Welt der Völker, und eine Rückkehr in das verheissene Land:

37 Dtn 30, 1–2. Zu Rambans Auffassung siehe dessen Kommentar zu Dtn 30, 11–14. Zur Rechtfertigung von Rambams Stellung, siehe die Abhandlung in M Chi zur Mizwa 364 und M Cho zu «Wajelech», Beginn «Weamar Bajom Hahu». Ausg. A. Abraham, Jerusalem 1972 S. 536.

38 Dtn 30, 11–14.

39 Dtn 30, 14.

«Und Gott, dein Gott, wird dich heimbringen in das Land, das deine Väter in Besitz genommen, du wirst es erben und Er wird dich noch mehr als deine Väter beglücken und vermehren[40].»

Die Teschuwa bricht dann die Herrschaft des Bösen. Sie führt zur Erlösung von Schuld und Sünde:

«Es wird Gott, dein Gott dein Herz und das Herz deiner Nachkommen beschneiden, zu lieben Gott, deinen Gott, mit deinem ganzen Herzen und deiner ganzen Seele, um deines Lebens willen[41].»

Hier geht es um die gleiche Welt-Zeit, von der Jirmijahu verkündet: «Siehe, es kommen Tage, spricht Gott, da werde ich mit dem Hause Israel und dem Hause Jehuda einen neuen Bund schliessen»[42] . . . «Meine Tora werde ich in ihr Inneres gegeben haben, auf ihr Herz werde ich sie niederschreiben, werde ihnen zum Gott sein und sie mir zum Volk[43].»

Während aber Nachmanides den gesamten Akt der Umkehr als göttliches Gebot erfasst, das einen entscheidenden Anteil bei der Erlösung der Menschheit hat, sieht Rabbenu Jona in der Teschuwa kein differenziertes Sondergesetz innerhalb der 613 Gebote der Tora. Die Teschuwa umwebt vielmehr den Gesetzesorganismus in seiner Ganzheit und bildet seinen immerwährenden Stimulus.

Indem aber Rabbenu Jona die eigentliche Mizwa der Teschuwa auf den Versöhnungstag beschränkt[44], verliert sie da-

40 Dtn 30, 5.
41 Dtn 30, 6.
42 Jer 31, 30.
43 Jer 31, 32.
44 «Mizwat Asse Al Hateschuwa, Schenechappes Deracheinu Wenachkora Wenaschuwa El Haschem Bejom Hakippurim.» Sch T 4, 17.

mit nicht an Bedeutung. Die Tatsache allein, dass er dem Werk der Rückkehr ein Buch gewidmet hat, zeugt davon. Für ihn ist sie vielmehr eine Herausforderung, die den Menschen während seines ganzen Lebens verpflichtet. Sie ist ein ständiger Aufruf zur höchsten moralischen Leistung, zur Vollkommenheit. Diese Selbstvollendung kann nur durch vollkommene Selbstverleugnung, durch Ausschaltung aller persönlichen Wünsche und durch einen Dienst vor Ihm in Bescheidenheit erreicht werden. Dieses letzte Ziel und den Kernpunkt der Rückkehr sieht Rabbenu Jona[45] von dem Propheten Micha vorgezeichnet:

«Womit soll ich denn Gott entgegenkommen, mich noch tiefer beugen vor dem erhabenen Gotte? Soll ich ihm mit Emporopfern entgegenkommen, mit einjährigen Schafen? Oder hat Gott Wohlgefallen an Tausenden von Rindern, an Zehntausenden von Ölströmen? Soll ich etwa meinen Erstgeborenen für meine Missetat dahingeben, meines Leibes Frucht für den Leichtsinn meiner Seele? – Er hat es dir klar ausgesprochen, Mensch, was das Gute ist und was Gott von dir fordert: nur das Recht zu üben, Liebeshingebung zu lieben und auch im stillverborgenen Wandel mit deinem Gotte zu sein[46]! –»

Während aber diese Stelle einen gewissen Zweifel über die Position des Rabbenu Jona enthält, ist eine zweite Aussage absolut eindeutig: «Umizwat Asse Min Hatora Lehair Adam Et Rucho Lachasor Bitschuwa Bejom Hakippurim . . .» Sch T 2, 14. Diese letzte Formulierung ist dem Verfasser des «Mizwa Walew», Elimelech Bar Schaul entgangen. Ihm genügt die hier zuerst angeführte Fassung. Siehe S. 129. Tel Aviv 1956, zweite verbesserte Auflage.

45 Sch T 1, 24 und 25.

46 Mi 6, 6–8.

Rosch Haschana und Jom Kippur, ein Aufruf an die Völker der Welt

Es ist eine Tatsache, dass wir Rosch Haschana und Jom-Kippur vor allem als Treffpunkte des Einzelnen mit Gott empfinden. Das gesamte Werk der Umkehr, der Asseret Jemei Teschuwa, der zehn Tage der Rückkehr und Reue, zu denen Rosch Haschana und Jom Kippur gehören, ist uns vor allem ein Prozess der Beziehung eines jeden Individuums mit Gott.

Wollen wir einmal Rosch Haschana und Jom Kippur in einem ganz anderen Bezug sehen. Wir pflegen – und das mit Recht, die Jamim Noraim, die «gewaltigen» Tage vor allem als eine innerjüdische Angelegenheit zu betrachten und darüber hinaus als rein persönliche Sache eines jeden einzelnen Juden. Das zeugt von einem gesunden und auch gerechtfertigten Bewusstsein der jüdischen Seele. «Keschot et Azmecha, Weachar Keschot Acherim[1].» Schmücke dich selbst, bevor du andere schmücken willst! Trage vor allem Sorge für dich selbst, bevor du dich anderen zuwendest. Schaffe zuerst Ordnung im Bereich deines eigenen Ichs. Ist das nach gutem Wissen und Gewissen geschehen, dann magst du dich getrost auch den anderen zuwenden. So normal wie auch folgerichtig dieses Vorgehen ist, so muss auch den Gemeinschaften Rechnung getragen werden, in denen wir einbezogen sind. Da kommen wir doch, ob wir wollen oder nicht, bald aus dem jüdischen Zusammenhang heraus und befinden uns unter oder neben den Völkern der Welt. Was haben wir an diesen Tagen höchster innerer Erhebung, der Welt zu verkünden? Welche Botschaft dringt mit dem Schofar in die ausser-

1 BM 107b. Über den etymologischen und inhaltlichen Zusammenhang dieses Ausspruchs des Resch Lakisch mit dessen Quelle in Zef 2, 1 siehe Maharscha-Schemuel Edels (1555–1631) – zur Stelle.

jüdische Welt? Da ist es vor allem der übermächtige Klang, der die Herrscher und die Massen der Welt an unsere innere und äussere Freiheit, an unsere geistige und nationale Unabhängigkeit mahnend erinnert. Teka Beschofar Gadol Lecherutenu, Wessa Nes Lekabbez Galujoteinu. Stosse in das grosse Schofar für unsere Freiheit und erhebe die Fahne, zur Sammlung unserer Zerstreuungen![2]

Das Weltalter unmittelbarer göttlicher Herrschaft möge beginnen. Die Wahrheit über Gottes Königtum möge endlich allen Geschöpfen bewusst werden. Jeglicher Machtanspruch und jegliches Herrschertum möge in der erlösenden Machtfülle des Einzigen aufgehen.

Meloch Al Kol Haolam . . .! «Unser Gott und Gott unserer Väter! Herrsche über die ganze Welt in Deiner Herrlichkeit. Erhebe dich über die ganze Erde in Deiner Würde. Erscheine in der Pracht Deiner Machthoheit über alle Bewohner Deiner Menschenwelt!»[3]

Die Völker der Welt, die sich ihrer Geschöpflichkeit bewusst werden und ein Abhängigkeitsgefühl empfinden, werden nur noch eine einzige Macht anerkennen und dem Gotte Israels Huldigung erweisen. «Gott Israels ist König und der Bereich seiner Macht erstreckt sich über das All[4].»

2 Schemone Esre, Beginn der siebten Bitte des zweiten Hauptteils des Achtzehngebets und Beginn des Abschlusses der Schofarot – Einschaltung im Mussafgebet von Rosch Haschana.

3 Abschluss der Malchujot, erstes der drei besonderen Gebetstücke der Mussaf-Schemone Esre, das Gottes Königtum auf Erden proklamiert. Das mittlere Stück heisst Sichronot und rühmt Gott als Richter und das dritte heisst Schofarot und spricht von Gott als Erlöser.

4 ebd. Der letzte Teil dieses Satzes stammt aus Ps 103, 19. «Umalchuto Bakol Maschala.»

Eine weitere Botschaft ergeht an die Völker mit der Wucht tiefster religiöser Eindringlichkeit, die sich nicht mit der Ergriffenheit jüdischer Betender begnügt, sondern die gesamte ausserjüdische Welt erfassen soll: «Uwechen Ten Pachdecha ... So gib doch Deine Furcht, Gott, unser Gott, über alle Deine Gebilde und ehrfürchtiges Bangen vor Dir über alles, was Du erschaffen, dass Dich fürchten alle Gebilde und vor Dir sich bücken alle Geschöpfe, und sie alle zu einem Bunde werden, Deinen Willen zu tun von ganzem Herzen, wie wir es wissen, dass die Herrschaft vor Deinem Angesicht ist[5].» Dieser dreifachen Botschaft an die Welt sollte doch endlich Gehör geschenkt werden: Weltweite Freiheit und Freizügigkeit des jüdischen Volkes – das Verschwinden jedes menschlichen Machtmissbrauchs und Ende jeglicher Form der Versklavung durch menschliche Herrschaftsgebilde. Nur Gott in seiner Schöpfergüte besitzt den einzig rechtlichen Anspruch auf Herrschaft!

Die Menschen der Erde fühlen sich als Geschöpfe Gottes, erkennen Ihn in bangender Ehrfurcht als ihren Bildner an und schaffen aus dieser Erkenntnis den Staatenbund der Welt, der seine Existenzberechtigung auf Gott allein zurückführt. Also eine Theokratie? Keinesfalls – denn die theokratische Regierung ist eine Staatsform der Vergangenheit, die sich ebenfalls auf den Zwang menschlicher Machtmittel stützte. Auch die auf eine ausserweltliche Quelle basierende Staatsform steht dem jüdischen Ideal fern, solange sie von Menschen mit Gewalt und Schrecken erzwungen wird. Ei-

5 Beginn der Einschaltung des mittleren Stückes der Amida, der Keduschat Hajom, der Einschaltung für Rosch Haschana und Jom Kippur.

nem solchen Schattengebilde wendet der Jude sich nimmer, und sicher nicht an den Tagen innerer Sammlung zu. Allzu oft hat er den Terror und den Trug der Völker und Staaten an seinem eigenen Leibe erduldet.

Worauf seine Intention in den Stunden höchster Einkehr und Selbstbesinnung an Rosch Haschana und Jom Kippur gerichtet wird, ist die aus innerer Gesinnung und ehrlicher Anerkennung gezeugte unbedingte Bereitschaft zum messianischen Staatenbund der Zukunft. Wejeassu Kullam Agudda Achat[6]. Die Völker der Welt formieren sich zu einem Bund ohne selbstische Interessen, einzig und allein von der vollkommenen Hingabe mit ganzem Herzen an Seinen Willen geleitet – Laassot Rezoncha Belewaw Schalem[7].

Auf die Neugestaltung der Welt im Zeichen der Errichtung Seines Reiches ist auch das «Aleinu»-Gebet gerichtet. Dieser erhabene Hymnus des jüdischen Gottesdienstes, aus der Schule Raws[8] stammend, daher auch «Tekiata Debei Raw» genannt, bildet die Einleitung zu den Malchujot von Rosch Haschana und scheint erst seit dem Mittelalter, etwa um 1300 als Abschluss des täglichen Gebetes zu dienen. Die beiden Teile dieser Tefilla[9] beschreiben die Quintessenz der jüdischen Geschichte in ihrem Verhältnis zu den Völkern. Der

6 «Sie gestalten sich zu einem Bunde.» Fortsetzung des Uwchen Ten Pachdecha.

7 «Deinen Willen zu erfüllen mit ganzem Herzen.» ebd.

8 Raw, bedeutender Amoräer der ersten Generation, der noch als Tannaite gilt. Bekannt auch als Abba Aricha (oder Arecha). Geb. um 175 n., gest. 247 n. Begründer des grossen Lehrhauses in Sura, das 800 Jahre lang bis zum Ende der gaonischen Zeit fortbestand.

9 Gebet.

erste Teil beschreibt das schon aus den Anfängen der jüdischen Geschichte immer noch nicht der Vergangenheit angehörende übernatürliche Ringen des jüdischen Volkes mit den Götzen der Welt, dem fremden Dienst. «Uns liegt es ob, dem Herrn des Weltalls zu huldigen und dem Schöpfer der Welt Grösse zu zollen, dass Er uns nicht gemacht wie die Völker aller Länder, und uns nicht eine Stellung gegeben gleich den Familien der Erde, indem er unseren Anteil nicht dem ihrigen gleich sein liess, und uns nicht das gleiche Los beschieden hat, wie all ihren Völkerscharen[10].»

Der zweite Teil des «Aleinu», Al Ken Nekawe Lecha[11]... ist das Lied jüdischer Hoffnung für die Zukunft, die Endphase der Weltgeschichte. In diese Endphase, die die Erlösung Israels und der Welt zum Zielpunkt hat, sind wir bereits durch die aussergewöhnlichen historischen Ereignisse unseres Jahrhunderts und ganz besonders durch den Wiederaufbau Israels einbezogen. Wiederum machen wir in dieser neuen Geschichtsepoche die gleiche Erfahrung, die unsere Vorfahren in der ersten Epoche machten. Die Völker sind noch nicht bereit die Wirklichkeit Israels und seine Botschaft an die Welt zu akzeptieren. Wir leben in der Gewissheit und Zuversicht, dass uns die Jamim Noraim nicht nur unserer individuellen Person Versöhnung und Erlösung bringen, sondern dem Volke Israel und mit ihm den Völkern der Welt Aussöhnung und Frieden vermitteln.

10 Beginn der Aleinu-Hymne.
11 Darum hoffen wir zu Dir...

Schuld und Sühne

Wenn auch der Mensch berechtigten Stolz auf seine Stellung in der Welt empfindet, so kann man doch nicht an der Tatsache rütteln, dass er als homo sapiens ein zwiespältiges Wesen ist, in dem der reine Wille in ständigem Konflikt mit dem Naturgegebenen steht. Ein immerwährender Kampf, ein ununterbrochenes Hin und Her, dessen Resultat eine bewusste Entscheidung oder eine halbbewusste Reflexhandlung hervorbringt, bildet das Produkt dieses menschlichen Doppelwesens.

Der Widerstreit der beiden Anlagen im menschlichen Charakter, der selbst den Fall in das extrem Schlechte einkalkuliert, ist der Preis, den wir für unsere echte Würde und unseren wahren Vorzug gegenüber allen anderen Lebewesen zu zahlen haben. Denn ohne diesen scharfen Kontrast besässen wir nicht die moralische Freiheit, die uns im gesamten Universum auszeichnet.

Idealistische Auffassung

Diese idealistische Auffassung wird auch von der Bibel geteilt. Gegen Schluss der Episode, die unter dem «Sündenfall» bekannt ist, spricht Gott: «So ist der Mensch also wie das eine seiner Wahl Überlassene geworden, selbst zu wissen was gut ist und bös[1].» Mit dieser Übersetzung des schwierigen Schriftverses und auch in dessen Interpretation[2] folgt S.R. Hirsch der Auffassung Rabbi Akibas, der im Midrasch Bereschit Rabba[3] der unstatthaften Identität des Menschen mit

1 Gen 3, 22.
2 Kom Gen S. 76, 77. Ausg. Frankfurt/M. 1903.
3 BR 21, 5.

der Gottheit entgegentritt[4] und in diesem Verse die zwei Wege sieht, die Gott dem Menschen zur Wahl gegeben: den Weg des Lebens und den Weg des Todes. Rabbi Akiba fährt aber fort, dass der Mensch einen anderen, d.h. den Weg des Todes eingeschlagen habe.

Ist nach dieser Wahl die Menschheit nicht von Anbeginn verloren? Gibt es für den gefallenen Menschen noch einen Ausweg? Die Auffassung, die aus dem «Sündenfall» eine Doktrin von der Erbsünde herauskristallisiert, widerspricht der jüdischen optimistischen und lebensfreudigen Diesseitslehre. Sie ist auch unvereinbar mit der sittlichen Freiheitslehre, die den Menschen allein für sein Tun und Lassen verantwortlich erklärt. Dennoch bleibt die Frage aktuell. Gibt es einen Weg, der nach Eden zurückführt? Hat der Mensch, der in Schuld und Sünde sich verstrickt, noch eine Aussicht auf innere Erneuerung?

Willensfreiheit allein genügt nicht

Auch in dem bereits angeführten Midrasch werden diese Überlegungen angestellt. Die von Rabbi Akiba zugesicherte Willensfreiheit allein kann den schuldbeladenen Menschen nicht wieder aufrichten. Rabbi Abba Bar Kahana[5] findet das erlösende Wort in dem «Weata», mit dem der Schlussatz des zitierten Verses beginnt, und er proklamiert: «Ein Weata Ella Teschuwa» – dieses «Jetzt» bedeutet nichts anderes als Rückkehr. Dieses «Jetzt» steht für einen Neubeginn in der Zeit.

4 ebd. Gegen Papos explizite und Rabbi Jehuda Ben Rabbi Simon implizite.

5 ebd. 21, 6.

Mit dem «Weata» hat Gott das Tor der Umkehr geöffnet! Auch nach der Verschuldung durch das goldene Kalb leitet das «Weata» die Möglichkeit zur Wiedergutmachung ein[6]. Bei dem goldenen Kalb geht es wiederum, wie bei der Sünde von Adam und Eva um die Existenzfrage: Sein oder Nichtsein. Hier um den Fortbestand des jüdischen Volkes, dort um den Modus des Fortbestandes der Menschen überhaupt. In beiden Fällen hat der Mensch durch Rebellion gegen Gott sein Leben verscherzt. Aber nach beiden Empörungen beginnt eine neue Episode in der Geschichte.

Dass hierbei die Betonung des den Umschwung signalisierenden Wortes «Weata» nicht das Ergebnis eines zufälligen Einfalls ist, darüber belehrt uns die Tatsache, dass diese sonst recht selten gebrauchte adverbiale Bestimmung der Zeit in der ersten Schilderung von dem goldenen Kalb sechs Mal[7] erscheint und immer dann eingeschaltet wird, wenn es um Vernichtung wegen der grossen Schuld oder um Neubeginn mit Hilfe der Sühne geht.

Das Schlüsselwort

Das «Weata» wird zum Schlüsselwort. Es verkündet die kommende Zeit und wird damit zum Träger der den Neubeginn kennzeichnenden Sühne. «Weata» leitet die Zukunft ein, trägt in sich den Bruch mit der Vergangenheit und die

6 Dtn. 10, 12.

7 Ex. 32, 10, 30, 32, 34 und 33, 5, 13. Die Details der Anwendung des «Weata» zeigen eine aufs genaueste organisierte Ökonomie im Gebrauch dieses Wortes, deren Charakterisierung hier zu weit führen würde.

unerwartete Möglichkeit der Versöhnung und Umkehr. Das zeitbestimmende Adverb wird zum Träger des Sühnevollzugs einer neuen Ära. So wendet sich Mosche zu Gott mit der Bitte: «O, doch! Es hat das Volk eine grosse Versündigung begangen, indem sie sich Götter aus Gold gemacht. Und jetzt, wenn du ihre Sünde verzeihen möchtest – wenn aber nicht, so lösche mich aus deinem Buche, das du geschrieben[8].» Das «Weata» – das «und jetzt» – hat hier eine solche Intensität, die sogar den Nachsatz überflüssig macht. Wenn die mit dem «Weata» eingeleitete Bitte um Sühne erfüllt wird, dann sind wir vor der drohenden Vernichtung bewahrt.

Nach dieser Untersuchung über das sühneverkündende «Weata» stellt sich die Frage, warum Raw Abba in dem bereits erwähnten Midrasch sich nicht auf den ursprünglichen Bericht im zweiten Buche bezieht, sondern auf einen nur kurz auf die Sünde des goldenen Kalbes hinweisenden Bericht im fünften Buche sich beruft.

Schuldbewusstsein geschaffen

Auch in der Darstellung in Dewarim[10] vernehmen wir, dass das Volk dem rechtmässigen Verlauf des Geschehens entsprechend, dem Untergang geweiht war. Aber Gott liess Liebe walten und gab das Volk nicht der Vernichtung preis. Die rechtliche Forderung zur Vernichtung des Volkes hat ein Schuldbewusstsein geschaffen und damit die Bereitschaft, den Bund mit Gott zu erneuern. Das ist die Basis, auf der Gott seinen Plan der Vernichtung zurückzieht und Verzei-

8 Ex. 32, 31–32.

hung gewährt. Mit diesem Abschluss der Geschichte des goldenen Kalbes im fünften Buche beginnt eine neue Zukunft für Israel, die mit einem «Weata» eingeleitet wird:

«Und jetzt, Israel, was fordert Gott dein Gott von dir? Nichts als Gott, deinen Gott, zu fürchten, in allen seinen Wegen zu wandeln, und ihn zu lieben, und Gott, deinem Gotte zu dienen mit deinem ganzen Herzen und deiner ganzen Seele[9].»

Damit ist die Konfrontation zwischen Untergang und Fortbestand auch aus der Perspektive der freien Menschentat entschieden. Zu dem Gnadengeschenk der göttlichen Verzeihung tritt der Mensch in einer Gesinnung der Ehrfurcht und Liebe, bereit zur vollendeten, freien sittlichen Tat, die auch nicht vor Selbstaufopferung zurückschreckt. So findet hier, in Mischne Tora[10] das Liebeswerk der göttlichen Verzeihung seinen Abschluss in der von Gott gewährten Freiheit der Willensentscheidung, die immer wieder einen Neubeginn ermöglicht und den seelischen Prozess der Teschuwa, der Umkehr, bestimmt. Raw Abba entschied sich für das nimmer in der Zeit verrinnende «Jetzt», das das göttliche Werk der Versöhnung mit der aktiven Handlung der menschlichen Teschuwa verbindet.

Aber Adams Fall und Israels Vergehen sind keine Schattenbilder einer längst vergessenen Vorzeit. Sie sind Symbol und Aufruf zur Umkehr und zum Neubeginn für alle Zeiten. Eine Gewissheit geht von ihnen aus: der enge Zusammen-

9 Dtn 10, 12.
10 Wiederholung der Tora, Bezeichnung für das 5. Buch, das auch nach seinem Anfang «Dewarim» heisst.

hang zwischen Mensch und Gott, zwischen Israel und dem Schöpfer besteht für immer. «Kehre um Israel bis zu Gott, deinem Gott!»[11] so ruft der Prophet Hosea. Vernehmen wir noch den Aufruf des Propheten Jeremia: «Kehret um, abgefallene Kinder, heilen will ich Euere Abtrünnigkeit[12].» Die Antwort auf diesen Appell bleibt nicht aus: «Wir sind bereit, wir kommen zu Dir, denn Du bist Gott, unser Gott[12].»

11 Hos 14, 2.
12 Jer 3, 22.

Teschuwa – ein Akt individueller und nationaler Erkenntnis

Wenn man von Umkehr in ihrer jüdischen Erscheinungsform, der Teschuwa, spricht, denkt man in erster Linie an die persönliche, an die freie Rückkehr des Individuums. Der Einzelne ändert seine Richtung und macht eine Kehrtwendung. Man wird sich bewusst, dass man einen falschen Weg beschritten hat. Anstrengungen und Bemühungen der Vergangenheit waren sinnlos, vielleicht sogar schädigend und zerstörend. Nur ein schneller Entschluss, zum Ausgangspunkt zurückzukehren und von dort aus den neuen, ganz anderen Weg zu beschreiten, kann da die irrende Person befreien.

Allein die Erkenntnis – Daat – der bewussten und erkennenden Persönlichkeit führt zur Einsicht und zum Eingeständnis des eigenen Irrtums. Von hier ist aber noch eine weite Strecke bis zur praktischen Konsequenz, eine neue Laufbahn zu beginnen.

Diese Diskrepanz scheint in dem wichtigsten unserer Gebete, der Schemone Esre[1] nicht zu existieren. Von der Gewährung der Erkenntnis geht es unmittelbar zur Durchführung der Teschuwa[2]. Den mit Daat begnadeten ruft es unwi-

1 Der am meisten verbreitete Name für das Achtzehngebet, obwohl es heute aus neunzehn Benediktionen besteht. Es wird auch Tefilla, Gebet par excellence, genannt. Die sefardischen Juden bezeichnen sie als Amida, das im Stehen zu verrichtende Gebet. Unter den aschkenasischen Juden ist der Name Schemone Esre so populär, dass er auch auf die «Tefilla» der Sabbate und Feste übertragen wurde, die nur aus sieben Segenssprüchen bestehen.

2 Die Reihenfolge der ersten drei der dreizehn mittleren Bitten der Schemone Esre ist: Dea, Bitte um Erkenntnis. Teschuwa, Bitte um Beistand bei der Teschuwa. Selicha, Bitte um Vergebung.

derstehlich und direkt zur Tora zurück. Zwischen «Chonen Hadaat»[3] und «Haroze Biteschuwa»[4] gibt es kein Rasten. Derselbe Gott, der zur Selbsterkenntnis und Einsicht führt und die Kraft des selbständigen Denkens gewährt, will auch die vollkommene Rückkehr. Weil sein Wille auf den Akt echter Umkehr des Menschen gerichtet ist, zeigt Er auch unbegrenzte Bereitschaft des Verzeihens: Chanun Hamarbe Lisloach![5] Dieser untrennbare Zusammenhang zwischen Erkenntnis, Rückkehr und Verzeihen ist durch die täglich dreimal wiederholt gesprochene Schemone Esre zum eisernen Bestand des jüdischen Bewusstseins geworden. Die drei ersten der zwölf mittleren Segenssprüche der Schemone Esre sind ihnen gewidmet. Der mit Erkenntnis begabte Mensch kann ohne die nie verschlossene Möglichkeit der Umkehr und ohne des grössten aller Wunder, des uneingeschränkten göttlichen Verzeihens, nicht als sittliches Wesen existieren. Der harmonische Zusammenhang von Daat, Teschuwa und Selicha gehört zum Erbteil jedes bewussten Juden.

Mit treffender Kürze und klassischer Einfachheit haben unsere Weisen diesem Gedankengang in unserem Gebet eine feste Prägung verliehen. Der in der harten Wirklichkeit verstrickte und irrende Mensch spricht mit Dankbarkeit die Berachot[6], die den Weg der seelischen Befreiung und des Aufstiegs weisen.

3 Der mit Erkenntnis begnadet, Abschluss der Dea-Bitte.
4 Der an Rückkehr Wohlgefallen findet, Abschluss der Teschuwa-Bitte.
5 Gnadenvoller, der viel verzeiht, Ende der Selicha-Bitte.
6 Mehrzahl von Beracha, Segensspruch.

Wenn auch diese Segenssprüche in der Pluralform abgefasst sind, so ist es doch die Einzelseele, die sich an Gott, ihren Schöpfer wendet. Dort, wo es in der Schemone Esre um ein Anliegen von Israel in seiner Gesamtheit geht, wird «Israel» oder «Sein Volk Israel» ausdrücklich erwähnt[7]. Dies gilt für die Erlösung, für Heilung, für die Sammlung der in der Diaspora Zerstreuten und für die Verleihung des Friedens[8]. Der Prozess der Teschuwa jedoch ist vor allem eine Angelegenheit des Menschen als individuelles Wesen. Jeder Einzelne ist bestrebt zwischen sich und Gott ein klares Verhältnis zu schaffen.

Ist die Umkehr vorwiegend ein Anliegen des Menschen in seiner persönlichen Beziehung zu Gott und dem Nebenmenschen, so nimmt es doch wunder, dass der Prophet Hosea seinen grossen Teschuwaaufruf an ganz Israel als Gemeinschaft richtet: «Kehre um Israel bis zu Deinem Gotte, denn du bist durch deine Verfehlung gestrauchelt[9].»

Aber auch der Aufbau und die weitere Gedankenführung der Schemone Esre sollten zu einer zusätzlichen Vertiefung Anlass geben. Wir haben einen inneren Zusammenhang von drei Berachot festgestellt, deren Zentrum die Teschuwa bildet. Trotz ihrer grossen Bedeutung stellt die Umkehr aber

7 Oder der auf Israel bezogene Aspekt ergibt sich aus der Thematik der Beracha und braucht deshalb nicht ausdrücklich hervorgehoben zu werden.

8 Diese vier Berachot sind der Reihenfolge nach die vierte, fünfte, siebente der mittleren Gruppe und der abschliessende Segensspruch der Amida «Hamewarech Et Ammo Jisrael Baschalom, der sein Volk Israel mit Frieden segnet.»

9 Hos 14, 2.

doch nur ein Mittel dar. Wohin soll sie führen, was ist ihr Ziel? Die Antwort erhalten wir in der nächstfolgenden Beracha der Schemone Esre. Sie behandelt das Hochziel der Geschichte und des menschlichen Strebens, die Erlösung. Aber diese Erlösung geht über die Wünsche des Einzelnen hinaus. Solange Knesset Israel[10], die Seele des jüdischen Volkes unerlöst bleibt, solange kann auch die Individualseele weder Ruhe noch Frieden finden. Dies ist eine weitere Lehre, die uns die Aufeinanderfolge der Berachot in der Schemone Esre bietet: Teschuwa und Selicha führen zur Geulat Israel, zur Erlösung des Volkes Israel. Der Weg zur Erlösung führt über Umkehr und Versöhnung.

Auftrag und Aufgabe des jüdischen Volkes in der Welt kommen nicht zu ihrem Abschluss, solange dieses Volk in seiner Gesamtheit noch in Not und Bedrängnis lebt. Solange noch Zarat Israel[11] herrscht, solange noch irgendwo in der Welt jüdisches Elend, in welcher Form auch immer, existiert, solange gibt es noch keine Geulat Israel[12]. Wiederum bleibt der Einzelne Israels unerlöst, solange die jüdische Volksgemeinschaft in Unfreiheit und seelischem Notstand verharrt. Jeder in Israel trägt die Verantwortung für das Schicksal der Gemeinschaft. Kol Israel Arewim Se Base![13]

Wieweit aber dieses Verantwortungsgefühl gehen soll, lehrt uns Mar Sutra Bar Tuwija im Namen Raws: «So mäch-

10 Die Gemeinschaft Israels in ihrer idealen Einheit gegenüber dem Göttlichen.

11 Physisches und seelisches Leiden des jüdischen Volkes.

12 Erlösung Israels, Thema der vierten Beracha der mittleren Gruppe.

13 «Ganz Israel ist füreinander verantwortlich.» Ausspruch in Schew 39a und San 27b, der auf Lev 26, 37 zurückgeht.

tig ist die Teschuwa, dass selbst der Einzelne, der sie ausführt für sich und die ganze Welt Verzeihung erwirkt[14].» Wem es gelungen ist, das Tor der Teschuwa zu öffnen, der hat den Eintritt in das Reich allgemeiner Versöhnung ermöglicht; denn die Teschuwa ist ein Bestandteil der Welt vor der Schöpfung. Der Baal Teschuwa hat somit eine Verbindung geschaffen mit der Welt und ihrem Urzustand, ihrem reinen Ausgangspunkt (hierzu Maharal, «Netiwot Olam», Bd. II, S. 153)[15].

Den engen Zusammenhang zwischen Teschuwa und Geula bestätigt auch Rabbi Josse Hagalili, indem er verkündet, dass die Macht der Umkehr so gross ist, dass sie die Erlösung herbeiführt. Denn so hat der Prophet es ausgesprochen: «Der Erlöser kommt nach Zion und zu denen, die von der Sünde umgekehrt sind[16].» Warum wird Zion erlöst? Weil die Gemeinschaft Jaakows von der Teschuwa-Bewegung erfasst worden ist[17]. Die Kraft der Teschuwa ist unbegrenzt, sie wird unsere Erlösung beschleunigen.

14 Jom 86b. So die Version im EJ und NO II, S. 155. In den Talmudausgaben wird der Ausspruch im Namen Rabbi Meirs überliefert.
15 NO II S. 155 in Netiw Hateschuwa.
16 Jes 59, 20.
17 Jom 86b.

Ursprung und Aufgabe der Teschuwa

Teschuwa[1] steht am Anfang und am Ende, in der Anfangsperiode der Menschengeschichte und in ihrem Abschlusskapitel. Sie ist der entscheidende Kompass der aus der ersten, unmittelbar der Schöpfung folgenden Katastrophe hinausführt. Sie ist aber auch das Instrument, das dem nun beginnenden Kampf zwischen dem guten und dem schlechten Prinzip die Möglichkeit, ja sogar die Gewissheit der Überwindung des Schlechten gibt. «Gross ist die Teschuwa, denn sie bringt die Erlösung näher.»[2]

Aber die Aufgabe der Teschuwa beschränkt sich nicht auf ihre Hilfe, für das Werk der Erlösung in der Endzeit. Von eh und je ist sie bereit, den Menschen aufzurichten und ihm Hoffnung zu geben. Mehr noch: Für die göttliche Zielsetzung des Weltenplans hat sie bereits Existenz in der Vorwelt, die der Schöpfung vorausgeht. Sie gehört zu den sieben Dingen, die vor der Schöpfung der Welt geschaffen wurden.[3] Die Schöpfung der Welt hat nur einen Sinn, nachdem die Schöpfung der Tora, der Teschuwa, des Heiligtums, des Namens vom Messias usw. bereits vollendet war. Der Wirkungsbe-

1 Umkehr, Rückkehr zum Ewigen. Das Wort gibt den ganzen Prozess der inneren Wandlung, Gesinnungsänderung bis zu den ersten, entscheidenden Schritten auf einen neuen Weg wieder.

2 Jom 86b. Ausspruch Rabbi Jonathans: «Ein Erlöser kommt für Zion und für die vom Frevel umkehren in Jakob», Jes. 59,2. Warum kommt der Erlöser für Zion? Wegen der Umkehrenden vom Frevel in Jakob. Siehe auch J. Taan. 1,5 zu Dtn. 4,30, auch Schocher Tow S. 414, Wilna 1891.

3 Pes 54a. Die Beweisführung beruht auf Ps 90, 2–3. Dem göttlichen Aufruf zur Umkehr geht eine Beschreibung der Welt vor der Schöpfung voraus: «Bevor Berge erzeugt wurden. . .» «Du sprachest: Kehret zurück Menschensöhne.»

reich der Teschuwa erstreckt sich somit auf die Zeit, die der Schöpfung der Welt vorausgeht, bis zur endzeitlichen Erlösung.

Da stellt sich die Frage, warum trat die sühnende Kraft der Umkehr nicht in Erscheinung, als die ersten Menschen der Verführung zum Opfer fielen? Adam und Evas Versagen bot doch die Gelegenheit durch die bereits existierende Teschuwa, den Abfall von der gottgewollten Richtung rückgängig zu machen und damit die Durchführung des ursprünglichen Weltenplans zu realisieren. Drei Lösungen finden sich im Midrasch. Die erste konzipiert Adams Sünde nicht als Folge einer momentanen Laune. Sein Fall war von einem bewussten Affront gegen das Göttliche begleitet und erst nach dieser Absage an die göttliche Forderung erfolgte die Vertreibung aus Eden, Rabbi Schimon Ben Lakisch sagt: «Der erste Mensch wurde erst dann aus dem Garten Eden vertrieben, als er zu fluchen und zu lästern begann.»[4] Nach der zweiten Lösung öffnete der Ewige das Tor der Umkehr. Adam lehnt diesen Ausweg entschieden ab. Der Midrasch[5] sagt, dass Adam dem verheissenden Wort «Weata» ein kategorisches «Pen» der Verweigerung entgegenhält. In der dritten Lösung unseres Problems wird Adam erst durch Kajin auf die Macht der Umkehr aufmerksam. Der Vers «Kajin ging weg von Gott»[6], erhält eine optimistische Wendung. Freudig trennt sich Kajin vom Ewigen. «Da traf ihn Adam und fragte ihn: 'Wie fiel

4 Ber R 13,3. Ausg. Mirkin Bd. 1, S. 143.
5 Ber R 21,6. Ausg. Mirkin Bd. 1, S. 160f.
6 Gen 4,16.

dein Urteil aus?'. Worauf er ihm sagte: 'Ich habe Teschuwa getan und mich versöhnt.' Da begann Adam auf sich einzuschlagen und sagte: 'Dies ist die Macht der Umkehr, und ich habe es nicht gewusst!'»[7]

Alle drei aggadischen Deutungen schliessen nicht die Existenz der Teschuwa aus. Während aber in der ersten Darlegung das Verhalten Adams auch nach der Sünde bewusst gegen das Göttliche gerichtet ist und die Voraussetzungen einer Umkehr überhaupt nicht gegeben sind, lehnt Adam in der zweiten Deutung die ihm von Gott dargebotene Teschuwa entschieden ab. Der Unterschied dieser beiden Erklärungen besteht darin, dass nach der ersten, Adam sich für einen Weg entschieden hat, der dem vorgezeichneten diametral entgegengesetzt ist. Damit hat er sich aus eigener Wahl bewusst den Weg zur Teschuwa verbaut. Es gibt keine Rückkehr mehr zu der ursprünglich möglichen Lebensweise. Es besteht nur noch die Möglichkeit eines Neubeginns unter ganz anderen Lebensverhältnissen und auf einem anderen moralischen Niveau. Für diese Lösung unserer Ausgangsfrage können wir Rabbi Arje Leib Hacohens[8] Position in der Einleitung zu seinem berühmten Werk «Schew Schemateta» heranziehen. Zwei Thesen entwickelt er dort, die uns weiterhelfen. Die eine geht aus von dem Ausspruch Rabbi Lewis, dass die Be-

7 Ber R 22,13. Ausg. Mirkin Bd. 1, S. 175.

8 1745–1813. Berühmt auch durch seine klassischen halachischen Werke, «Kezot Hachoschen» und «Awnei Milluim». Sein Familienname ist Heller und er ist ein Nachkomme von Rabbi Jom Tow Lipmann Heller (1579–1654).

raubung einer Privatperson schwerwiegender ist, als der Raub heiligen Gutes.[9] Aufgrund der Motivierung Rabbi Lewis und eines Gedankengangs Rabbi Isaak Aramas[10] in seinem homiletisch-philosophischen Werk «Akedat Jizchak» ergibt sich folgendes Resultat. Ein Vergehen, das dem natürlichen Hang des Menschen entspricht, ist leichter zu beurteilen, als eine Übertretung, die sich über die Neigung der menschlichen Natur hinwegsetzt. Ausserdem besteht das eigentlich Sündhafte in dem Beharren im Unrecht, in seiner Wiederholung und Vertiefung, ohne irgendwelche Gewissensbisse und Reuegefühle zu empfinden. Die Beraubung des Nächsten wiegt schwerer als die Veruntreuung heiligen Gutes. Hierbei folgt der Delinquent nicht unbedingt der Notwendigkeit seiner Naturveranlagung. «Wenn der Mensch auch kein Gott ist, so zwingt ihn nichts, seinen Mitmenschen zu bestehlen, mit dem er durch Freundschaft und Brüderlichkeit verbunden ist. Darum ist die Meila, die Veruntreuung gegenüber dem Nebenmenschen, bereits grösste Versündigung – 'Chet'.»[11]

Die andere Gedankenführung stützt sich auf den Ari, den grossen Kabbalisten Rabbi Isaak Luria.[12] Durch Adams Sünde kehrte der göttliche Anteil im Menschen zu seinem

9 BB 88b, «Kasche Gesel Hedjot. . .» dementsprechend die Bedingungen der Teschuwa und die Erlangung der Sühne bedeutend schwieriger. Hierzu Sch A, Ch M 231,19.

10 Spanien (1420–1494). In seinen Werken folgte er der von Chasdai Crescas eingeschlagenen antiaristotelischen Richtung. Sein Einfluss zeigt sich vor allem in den Schriften Don Jizchak Abrabanels.

11 Einleitung zu Sch Sch, S. 10. Ausg. M. Sternbuch, Bne-Berak 1977.

12 Geb. 1534, gest. in Safed 1572.

Schöpfer zurück. Jetzt war Adam nicht mehr die vom himmlischen Geist durchdrungene unsterbliche Personalität. Der Intensität der Sünde entsprechend war die Unsterblichkeit seiner Person nicht mehr möglich. Hier konnte die Teschuwa nicht mehr helfen. Nach dem gravierenden Fall Adams, konnte auch die Teschuwa den Tod des Menschen nicht verhindern. Ihr gelang es nur, den ewigen Fortbestand der Gattung Mensch zu verbürgen. Die Einzelperson war aber von nun an mit dem Tode konfrontiert. Zur Wiederherstellung des ursprünglichen Zustandes kann der Mensch in seinem Rückkehrelan sich nur direkt an Gottes Mitwirken wenden. Hilf uns, die vollendete Stufe der Teschuwa zu erreichen – Haschiwenu Haschem Elokeinu! Dann werden wir wieder in der unmittelbaren Gemeinschaft mit dem Göttlichen auch unsererseits bereit sein. Wenaschuwa, auch wir kehren zurück! Chaddesch Jameinu Kekedem, erneuere unsere Tage wie in der Urzeit![13]

Hier kommt doch zum Ausdruck, dass der Mensch selbst in seiner ganzen Gottähnlichkeit, der Entfremdung vom Ewigen durch seine eigene Schuld nicht entrinnen kann. Er wird das Opfer seiner Geschöpflichkeit und ist der ihm anvertrauten Freiheit nicht gewachsen. Die Zerreissprobe ist unvermeidbar. Ein Dasein in seiner ursprünglichen Würde[14] schwindet wie ein Schatten dahin. Dies kann auch die Teschuwa nicht verhindern. Ein neues Sein mit anderen Existenzbedingungen beginnt. Jetzt kann die Umkehr wieder

13 Einleitung zu Sch Sch, S. 3.
14 Ps. 49, 13.

wirksam werden, den Menschen immer wieder aufrichten und ihm bei seiner Rückkehr zu dem verlorenen Eden den Weg zeigen.

VI.

ZEIT DER FREUDE:
SEMAN SIMCHATENU

Die Sukka und die Völker der Welt

«Hakol Talui Bemasal, Afilu Sefer Tora Schebaheichal»[1] Alles ist irgendwie vom «Masal», das heisst von günstigen, dem Menschen unsichtbaren und unberechenbaren Faktoren bedingt. Dieses Geschick teilt sogar die Sefer Tora, die in der heiligen Lade steht. So sagt ein jüdischer Weisheitsspruch. Die Mizwat Sukka, das heisst die Verpflichtung, sieben Tage lang in der Sukka zu wohnen – «Bassukkot Teschwu Schiwat Jamim[2], Teschwu Keein Taduru»[3] – gehört sicher zu der Gruppe von Mizwot, die nicht gerade besonders vom «Masal» begünstigt sind. Eine Statistik würde sehr leicht nachweisen lassen, dass am Pessach mehr Familien Mazzot essen, als am Sukkot[4] eine eigene Sukka besitzen. So interessant es auch wäre, den Gründen für diese Erscheinung nachzugehen, ob finanziell oder sozial bedingt, ob nicht vielleicht die strikte Erfüllung der Anordnung, in der Sukka zu wohnen, ein relativ grösseres Opfer erfordert – wir verzichten auf eine sozial-religiöse Untersuchung und begnügen uns zunächst mit ei-

1 So. Paraschat Nasso, Id R S. 96, 149; S. 97, 151 Ausg. Aschlag. In der Zhitomirer Ausg. Paraschat Nasso S. 134. Der Ausspruch, der zu einem geflügelten Wort geworden ist hat aber im Sohar eine ganz andere Bedeutung. Während der volkstümliche Gebrauch sagen will, dass sogar das Schicksal der Torarolle von der Stellung der Sternbilder bestimmt wird, zielt der Sohar auf das Gelingen und den glücklichen Ausgang, die auf eine übernatürliche Quelle zurückgehen. Danach ist der Sinn von Masal eher Emanation, Ausstrahlung aus dem Höchsten, als eine bestimmte Konstellation der Himmelskörper. Etymologisch geht dann das Wort auf NSL-fliessen zurück.

2 Lev 23, 43.

3 Ar 3b, Suk 26a, 27a, 28b. «In den Hütten sollt ihr sieben Tage wohnen – Lev 23, 43. Dieses Wohnen soll dem normalen Wohnen gleichen.»

4 Mehrzahl von Sukka, Hütte. Der Plural ist der hebräische Name des Hüttenfestes.

nem Nachdenken und einer Selbstprüfung gegenüber diesem Tatsachenbestand.

Der hier angeschnittene Fragenkomplex führt uns zu einer aufschlussreichen Gemara-Betrachtung in Massechet Awoda Sara[5]. Dort wird das Gebot der Sukka als Mizwa Kalla, als leichtes Gesetz betrachtet. Die Gemara beschreibt in einem breit angelegten Zukunftsdialog, wie sich die grossen Mächte der Welt gegenüber der göttlichen Gesetzesforderung verteidigen. An ihr völliges Versagen in der Vergangenheit erinnert und schliesslich von der Bewährung des jüdischen Volkes gegenüber der Tora überzeugt, versuchen sie am Ende der Zeit, das Versäumte nachzuholen, und sprechen vor Ihm: «Ribbono Schel Olam, Tena Lanu Merosch Wenaassenah.» «Herr der Welt, gib sie uns doch von Anfang an, dass wir sie erfüllen.» Wir erinnern uns daran, dass die Völker der Welt vor Mattan Tora[6] anders sprachen. Damals bot der Allmächtige die Tora vergebens den Söhnen Teimans, Parans und den übrigen Nationen an, und nur Israels Söhne zeigten sich bereit, bedingungslos die Tora anzunehmen. «Er sagte: Der Herr kam vom Sinai her, erglänzte von Seir ihnen[7]. Ferner steht geschrieben: Gott kommt von Teiman her[8] . . . Was wollte er in Seir und Paran? Rabbi Jochanan sagte: 'Das lehrt, dass der Heilige, gelobt sei er, die Weisung bei jeder Nation und Zunge herumbot, sie aber nahmen diese nicht an, bis er zu Israel kam und sie diese dann annahmen[9].'»

5 AS 3a.

6 Gabe der Tora an das jüdische Volk am Sinai.

7 Dtn 33, 2.

8 Hab 3, 3.

9 AS 2b, Sifre zu Dtn Paraschat «Wesot Haberacha», Jal Schi Dtn 951, Mid Ta zu «Wesot Haberacha», Abschn. 4.

Obwohl die Völker die entscheidende Stunde verpasst, damit ihre gesamte geschichtliche Existenz in eine falsche Bahn gelenkt und so den Weg zurück erschwert haben – denn «Mi Schetarach Beerew Schabbat Jochal Beschabbat Umi Schelo Tarach Beerew Schabbat, Meheichan Jochal Beschabbat?» «Wer sich am Rüsttage des Schabbat abgemüht hat, wird zu essen haben, und wer sich nicht am Rüsttage des Schabbat abgemüht hat, was soll er am Schabbat essen?»[10] Damit sollte doch den Völkern jede Kursänderung für die Endzeit der Geschichte vereitelt sein! Aber so fährt die Gemara fort: «Ejn Hakadosch Baruch Hu Ba Bitrunja Im Beriotaw.» Der Heilige, gelobt sei er, geht nicht despotisch mit seinen Geschöpfen um und gewährt ihnen auch in letzter Stunde die Möglichkeit, ihre gesamte geschichtliche Vergangenheit wiedergutzumachen, und dies durch die «Mizwa Kalla», das leichte Gebot der Sukka[11].

Die Völker, von diesem grosszügigen Angebot begeistert, können nicht schnell genug die Sukkot auf ihren Dächern errichten. Aber schon eine leichte göttliche Prüfung zeigt, dass ihr Enthusiasmus nur Strohfeuer gewesen, dass sie ihrem ganzen Wesen nach nicht für den Sukka-Gedanken reif sind. In dem Augenblick, als der Schöpfer über ihnen die Sonne er-

10 As 3a. Der Schabbat steht hier für die kommende Welt, die metahistorische Zeit. Wer sich aber nicht aktiv an dem Werk der Vorbereitung auf diese Zeit beteiligt hat, kann sich nur schwer am Genuss der Früchte beteiligen.

11 ebd. Der Widerstreit zwischen dem Prinzip der Gerechtigkeit und dem Prinzip des Verzeihens und der Liebe wird zugunsten der Milde und des Erbarmens entschieden. Auch in letzter Stunde bleibt das Tor der Hoffnung offen.

glühen lässt, kehren die bekehrten Völker ihren so voller Eifer errichteten Sukkot den Rücken und entlaufen. Dabei rufen sie aus: Nenattka et Mosroteimo, Wenaschlicha mimennu Awoteimo.» «Lasst uns ihre Fesseln zerreissen, und ihre Stricke von uns werfen[12].»

Drei Fragen ergeben sich: 1. Warum wird die Mizwat Sukka «Mizwa Kalla» genannt? – 2. Warum wird gerade die Sukka unter den leichten Mizwot den Völkern angeboten? – 3. Warum können die Völker ihrer Sukka-Verpflichtung nicht nachkommen?

Die «Leichtigkeit» der Sukka-Mizwa sieht die Gemara darin, dass sie nicht mit grossen Ausgaben verbunden ist. «Deleit Bei Chessron Kiss.» Den Völkern wird sie dargereicht als leichte Mizwa, die ihnen in letzter Stunde auf relativ einfache Weise eine Rettung bieten und die trotz ihrer Einfachheit Zeugnis einer neuen Lebensart und einer entscheidenden Sinnesänderung ablegen könnte. Denn die Sukka bedeutet ja nichts anderes als ein Bekenntnis zu Gott, eine Absage an den stolzen Pyramidenbau menschlicher Himmelsstürmerei, eine Abkehr von dem übertriebenen Selbstbewusstsein des in seiner materiellen Fülle sich übermächtig fühlenden Menschen. Hinein in die «Dirat Arai»[13], in die

12 Ps 2, 3. Der Widerstand und Rückfall der Völker selbst in der messianischen Zeit zeigt die fast unüberwindlichen Schwierigkeiten bei der Umwandlung in eine neue sittliche Epoche.

13 Eine provisorische Wohnung. Es besteht aber kein Gegensatz zu der Bemerkung in Anmerkung 3. Derselbe Schriftvers – Lev 23, 42, der einen Hinweis auf normale Wohngepflogenheiten in der Sukka gibt, dient Rawa für eine Sukka, die einen vorübergehenden, unbeständigen Charakter trägt. «Während sieben Tagen gehe aus der festen Wohnung

Hütte, deren Bedachung den Charakter der Schwäche trägt und jeder Menschentechnik feind ist. Das ist der göttliche Ruf, der einst an die Völker ergeht, derselbe Appell wendet sich an uns alle, Jahr für Jahr am Sukkotfeste.

In der demonstrativen Hüttenwohnung müssen wir unsere Mahlzeiten einnehmen. Wir müssen lernen, all unsere menschlichen Aktivitäten im Schutze des göttlichen Sechach[14] auszuüben mit dem Vertrauen, das sich von keiner inneren Schwäche und keiner äusseren Macht beirren lässt.

Hier scheitern die Völker der Welt. Sie vertrauen auf ihre eigene Kraft. Nicht an Selbstverzicht und Leiden gewöhnt, werden sie nicht nur Opfer des ersten Chamsins, der sie in ihrer Sukka trifft, sondern sie nehmen ihre alte Trotzstellung wieder ein und zerstampfen die mit ihren eigenen Händen als Zeichen der Umkehr errichteten Sukkot. Sollte man also zu dem Ergebnis kommen, dass nur das Volk, das vierzig Jahre lang ärmliche Hütten in einer furchtbaren Wüste baute, und die Leiden in der Dirat Arai der Völkerwüste überstanden hat, für das normale Wohnen in der provisorischen Hütte innerlich vorbereitet sei? Zeigt nicht das arrogante, rebellische Verhalten der Völker in der Endzeit, dass nur eine Leidensgeschichte, wie sie das jüdische Volk gekannt hat, diese «Mizwa Kalla» erfüllen kann?

heraus und wohne in einer vergänglichen Hütte.» (Suk 2a.) Die architektonischen Elemente der Sukka tragen den Stempel der Vergänglichkeit. Dagegen soll aber das Wohnen selbst in diesem Provisorium normal weitergeführt werden. Auch in der mit den einfachsten Mitteln zusammengestellten Hütte soll Wohnlichkeit gepflegt werden, und Hoffnung und Vertrauen herrschen.

14 Ist die aus losgelösten Pflanzenstoffen hergestellte Bedachung der Sukka.

Hören wir dazu die Antwort des Propheten Secharja:

«Der Rest der gegen Jerusalem gezogenen Völker wird dann Jahr für Jahr nach Jerusalem hinaufziehen, um sich vor dem Könige, Gott Zebaot, zu bücken und das Sukkotfest feierlich zu begehen[15].»

Das ist das Ziel! Nach dem Endkampf zwischen Gog und Magog haben nur noch diejenigen Völker Berechtigung auf Erden, die bereit sind, in der Sukka zu wohnen, sich in demütigem Vertrauen der göttlichen Führung zu unterstellen[16]. Das Leben wird dann ganz für den jüdischen Keduscha-Gedanken[17] bereitgestellt. Die tägliche Mahlzeit, die «Seudat Kewa», wird unter göttlichem Schutz in Keduscha eingenommen.

«Wehaja Kol Sir Biruschalajim Uwihuda Kodesch Laschem Zewaot[18].»

Alle Töpfe in Jerusalem und Jehuda werden gottgeheiligt sein, damit ist das hochgesteckte Ziel der gesamten Geschichte erreicht.

15 Sech 14, 16.
16 Sech 14, 17–19.
17 Bereitschaft zur Selbstheiligung.
18 Sech 14, 21.

Hoschana Rabba[1], *Abschluss der Jamim Noraim*

Der Doppelcharakter, den wir im allgemeinen beim Sukkotfest feststellen können – als selbständiges historisches Fest, das uns an die Hütten der Wüste erinnert und als Schlussakkord im Reigen des jüdischen Festjahres – zeigt sich auch an Hoschana Rabba im besonderen. Die Bezogenheit und Verbindung zu den Jamim Noraim kommt hier vor allem zum Ausdruck durch das Hoschana Rabba-Lernen und die verschiedenen Minhagim[2] beim Schacharit-Gebet[3], die klar an den Jom Hadin, – den Tag des göttlichen Gerichts – erinnern. Aber auch die Sonderstellung innerhalb des Sukkotfestes ist durch die Mizwat-Arawa[4] und die sieben Hakkafot-Umzüge betont.

1 Name des siebten Sukkottages. Bedeutung: Tag der grossen Hoschana. Die Bezeichnung «Hoschana» hat ihren Ursprung in Ps 118,25. Dieser Vers wurde bei den täglichen Umzügen mit Zweigen der Bachweide um den Altar des Heiligtums gesprochen. Am siebten Tag fanden sieben Umzüge statt – Suk 45a. Das Hoschia Na – o, hilf doch – des Psalmverses wurde zu «Hoschana» zusammengezogen. Bereits in der talmudischen Zeit werden sowohl die Myrthenzweige «Hoschana» genannt (Suk 30b, 31a) als auch die Zweige der Bachweide (Suk 34a). Im Midrasch wird der siebte Tag des Hüttenfestes «Jom Hoschana» genannt. Der Name Hoschana Rabba scheint jedoch auf eine zweite etymologische Entwicklung zurückzugehen. Das bei den Umzügen rezitierte Hoschana wurde in der nachtalmudischen Zeit zur Bezeichnung einer neuen poetischen Gebetsgruppe, die bei den Umzügen mit dem Feststrauss in den Synagogen gebetet wurden. So finden wir diesen Sprachgebrauch in Lev R. Diese Pijutim, die bei den sieben Umzügen des siebten Sukkottages besonders zahlreich waren, gaben diesem Tag den Namen «Hoschana Rabba», Tag der grossen Hoschana, und man dachte dabei an die Vielzahl der Hoschanot, die dann gebetet wurden.

2 Gebräuche.

3 Morgengebet.

4 Suk 45a. Es ist dort in der Mischna die Rede von Weidenästen, die aus Moza kamen und die man neben dem Altar aufstellte und dann von

In der Mischna Sukka[5] wird der siebte Tag Sukkot «Jom Haschewii Schel Arawa» genannt, das heisst die Mischna kennt nicht den Namen «Hoschana Rabba», nennt diesen vielmehr den «Siebten Arawa-Tag». Unter Arawa – Zweig einer Bachweide – ist hier nicht die Arawa des Feststrausses der Arbaa Minim zu verstehen, vielmehr handelt es sich um ein zusätzliches Gebot, das mit Zweigen der Bachweide ausgeübt wird. Nach Abba Schaul[6] hat diese Mizwa sogar ihre Quelle in der Tora, denn sie spricht von einer Mehrheit von Bachweiden, – Arwei Nachal – in dieser Pluralform im status constructus[7] ist nach seiner Auffassung von zwei verschiedenen Geboten mit der Bachweide – der Arawa – die Rede. Eine Mizwa hat es mit den Bachweiden des Lulawstrausses zu tun, die andere nimmt Bezug auf eine besondere Handlung, die nur mit Bachweiden im Heiligtum ausgeübt wurde[8].

Eine andere Auffassung die auf Rabbi Nechunja aus dem Tal Beit-Chortan zurückgeht, betrachtet das Arawa-Gebot als «Halacha le-Mosche Missinai»[9], als Gesetz, das zu den Halachot gehört, die Mosche am Sinai überliefert wurden[10]. In der zweiten Mischna des vierten Kapitels in Sukka wird

den sieben Umzügen, die mit grosser Feierlichkeit durchgeführt wurden. Diese Weidenäste sind nicht zu verwechseln mit den beiden Weidenzweigen des Feststrausses, von dem in Lev 23, 40 die Rede ist.

5 M Suk 4, 3 in der Gemara Suk 42b.

6 Suk 34a; 44a.

7 Lev 23, 40.

8 Suk 45a.

9 Gesetze, die zur mündlichen Lehre gehören und denselben sinaitischen Offenbarungscharakter tragen wie die Gesetze der schriftlichen Lehre.

10 Suk 34a; 44a, Sew 110b. MT, HL 7, 20.

genau geschildert, worin das Gebot der Arawa bestand. In der Gemara wird darüber diskutiert, ob die Arawa-Mizwa im Heiligtum mit dem Hinstellen an den Seiten des Altars vollendet ist, oder ob mit ihr auch Umzüge vollzogen wurden[11].

Mit der Zerstörung unseres Heiligtums hat sich auch dieses ursprüngliche Arawa-Gebot geändert. Es ist für uns heute eine Erinnerung, – Secher Lemikdasch – wie wir das in der Pessach-Haggada auch vom «Korech» erwähnen. Für uns gilt es als Minhag Newiim, einen Brauch, der schon von den Propheten Chaggai, Secharja und Maleachi eingeführt wurde. Wir betrachten es aber nicht als einen «Jessod Newiim», als grundlegende Anordnung – Takana – der letzten Propheten. Darauf ist es auch zurückzuführen, dass wir keine Beracha für die spezielle Arawa-Mizwa des Hoschana Rabba kennen[12].

Ein weiteres Andenken an das Heiligtum besteht in den Hakkafot: während der ersten sechs Tage täglich einen Umzug, am Hoschana Rabba aber sieben. Rabbi Jehuda Hechassid[13] berichtet in seinem «Sefer Chassidim» von einem besondern Brauch des Raw Hai Gaon[14]. Jedes Jahr reiste er von

11 MT, HL 7, 21–22.

12 Siehe Raschi zu Suk 44a zu «Jessod Newiim» und «Minhag Newiim» und MT, HL 7, 22.

13 Bedeutender Lehrer der chassidischen Bewegung des Mittelalters im deutschen Sprachraum im 12. und 13. Jahrhundert. Verfasser des «Buch der Frommen» – Sefer Chassidim (Von Samson Raphael Hirsch ins Deutsche übertragen. Ges. Schr. 6 S. 469ff.) gest. 1217.

14 (939–1038) Hervorragend auf dem Gebiete der Halacha, Verfasser von Pijutim und Selichot. Von 998 bis an sein Lebensende Oberhaupt – Gaon – von Pumbedita.

Babylonien nach Jeruschalajim und umkreiste am Hoschana Rabba den Ölberg sieben Mal. Vor ihm, in einer Entfernung von hundert Ellen schritten Kohanim und hinter ihm das Volk[15].

Bei den Hakkafot im Heiligtum wurde «Ana Haschem Hoschia Na» gesagt. Nach Rabbi Jehuda «Ani Waho Hoschia Na». Auf jeden Fall erwähnte man den Ausdruck «Hoschia Na»[16]. Im Traktat Sukka[17] wird das Wort «Hoschana» – eine Verkürzung von Hoschia Na – auf die vier Pflanzenarten des Feststrausses übertragen. Wir gebrauchen das Wort nicht mehr in diesem Sinne, beziehen vielmehr «Hoschanes» auf die Arawot von Hoschana Rabba.

Die Bezeichnung «Hoschana Rabba» ist darauf zurückzuführen, dass wir an diesem Tage viele Hakkafot, das heisst besondere Gebete für die Hakkafot verrichten. In all diesen Pijutim erscheint immer wieder der Refrain «Hoscha Na». Wir verlassen uns am Hoschana Rabba weder auf eigene noch auf Verdienst der Väter, sondern versuchen, durch die Kraft des Gebets Hilfe – Jeschua – zu erflehen. Auch die «Hoschanes», die Arawot[18], die wir an Hoschana Rabba nehmen, nachdem wir die «Vier Arten»[19] zur Seite gestellt haben, deuten auf die

15 S Ch, Ausg. J. Wistinetzki 1924; Nr. 630.

16 M Suk 4, 5.

17 Suk 33b: «Hoschana Achrite» und Suk 37a: «Megaddlei Hoschana», «Hoschana Bessudra».

18 Mehrzahl von Arawa – Weide, hier Weidenzweig.

19 Arbaa Minim, des Feststrausses: Palmzweig, Etrog, (gleich den Zitronen und Orangen zu den Aurantien gehörend), Myrtenzweige und Zweige der Bachweide.

Kraft des Gebetes hin. Die Form des Arawablattes erinnert an die Lippen, den Mund, und wir sagen gleichsam in dem Augenblick, in dem wir die «Vier Arten» wegstellen und die Arawot ergreifen: Alle Vorzüge des Etrog, des Lulaw und der Hadassim besitzen wir nicht, wir gleichen der Arawa und verfügen nur noch über den Mund zum Gebet. Die Arawa soll ja von der Bachweide kommen, die Weide, die an Flüssen und Seen wächst und an das Wasser erinnert.

Damit kommen wir auf den «Gerichts-Charakter» des Hoschana Rabba. In der zweiten Mischna in Rosch Haschana heisst es: «An Sukkot fällt das göttliche Gericht, das Urteil über die Wasserversorgung der Welt». Über Hoschana Rabba als Tag des Gerichts spricht der Sohar «Der siebte Tag Sukkot ist der Abschluss des göttlichen Weltgerichts und Urteilszettel werden vom Königshause verteilt . . .»[20] Diese Soharstelle ist so lebendig im jüdischen Volksbewusstsein, dass man sich am Hoschana Rabba mit «Einem guten Quittel» (Quittel = Zettel) beglückwünscht.

In dem «Sefer Hamanhig»[21] heisst es: «Am Hoschana Rabba werden die drei an Rosch Haschana geöffneten Bücher des göttlichen Gerichts endgültig vor Ihm versiegelt.»

Hoschana Rabba ist somit «Tachlit Hakappara» die Vollendung der Sühne. Darum die besonderen Tefilot und Bräu-

20 So-zu Paraschat «Zaw» 114 und 118 Bd. 6 der Ausgabe Aschlag S. 40 und 42. In der Ausgabe Zhitomir S. 31b und 32a.

21 Um 1205 in Toledo verfasst von Abraham Ben Natan Hajarchi, ca. 1155–1215. Der Name «Hajarchi» ist die hebräische Übersetzung der französischen Stadt Lunel, wo er viele Jahre lebte. Seine Geburtsstadt ist Avignon.

che, die an Jom Kippur erinnern. Im «Mate Mosche»[22] wird in diesem Zusammenhang noch ein bemerkenswerter Midrasch erwähnt: «Gott sprach zu Awraham: 'Ich bin einzig und du bist einzig. So gebe ich deinen Kindern einen ausgezeichneten Tag, – Jom Mejuchad – um an ihm ihre Sünden zu sühnen. Dieser Tag ist Hoschana Rabba'.» «Gott sprach zu Awraham: 'Wenn deine Kinder keine Sühne an Rosch Haschana finden, so kann dies noch am Jom Kippur geschehen. Sollte auch Jom Kippur nicht genügen, so möge es an Hoschana Rabba geschehen'.»

Hoschana Rabba stellt sich somit als die letzte Möglichkeit dar im göttlichen Gericht, als Abschluss des Vergebungsprozesses. Zunächst lässt sich dies begründen als ein Ausdruck der göttlichen Gnade. Sie ist zeitlos, unbegrenzt im Verzeihen der menschlichen Vergehen! Aber worauf beruht die Verbindung hier mit Awraham? Dazu möchte ich bemerken, dass Awraham das Prinzip des «Chessed»[23] darstellt. Er bedeutet für uns den Inbegriff der Liebe. Der Zusammenhang zwischen Awraham und Hoschana Rabba weist auf das hohe Alter der jüdischen Feste hin, die bis zum Ursprung des jüdischen Volkes zurückgehen. Im «Mate Mosche» wird aber noch eine andere Begründung gegeben. Ebenso wie das Licht, das Awraham in der Welt verbreitete, erst nach 21 Geschlechtern nach der Schöpfung aufleuchtete, ebenso leuchtet das Licht seiner Söhne spätestens 21 Tage nach dem Beginn des göttlichen Gerichts an Rosch Haschana auf.

22 Um 1590 in Krakau erschienen. Verfasser Mosche Mat, ca. 1551–ca. 1606. Führende Rabbinergestalt, Schüler Rabbi Schelomo Lurias, der Maharschal.

23 So-zu Paraschat «Zaw» 96, S. 34 und 112, S. 39. Ausg. Aschlag.

Schemini Azeret – Simchat Tora
Höhepunkt der Freude

Simchat Tora – Freude der Tora, Fröhlichkeit der Tora! Da wird einen ganzen Tag lang der Freude und dem Jubel Ausdruck gegeben! Simchat Tora – welch bedeutungsvolle Wortverbindung! Ein ganzer Tag der Freude und dem Frohsinn geweiht. Auf dem Höhepunkt dieser Freude erreicht der Mensch eine solche Stufe der Innigkeit und Harmonie, dass er sogar zum «Chatan Tora», zum Bräutigam der Tora ernannt werden kann!

Simchat Tora verbindet sich mit Schemini Azeret und strahlt auf es seinen freudigen Charakter zurück. Schemini Azeret, das ja an und für sich ein selbständiges, in sich geschlossenes Fest darstellt, gehört auch zu «Seman Simchatenu», der zur Freude geweihten Zeit, eine besondere Kennzeichnung der sieben Sukkot-Tage. Wie kommt es denn aber, dass man mitten in dieser freudigen Periode, am Schabbat Chol Hamoed das tiefernste Buch Kohelet vorliest?

Überschwenglichkeit

Der scheinbar düstere Ton des Kohelet schwindet allmählich, denn er soll uns ja nur in Erinnerung bringen, uns vor übertriebener Überschwenglichkeit zu bewahren. Der Widerspruch in Kohelet selbst ist ja dem geschulten Leser nur das Trugbild einer oberflächlichen Bekanntschaft. Der Zwiespalt zwischen Vergänglichkeit der Freude einerseits – Ulesimcha Ma So Ossa[1] und der Exzess der Freude andererseits – Weschibbachti Ani Et Hasimcha[2] – findet seine Erklä-

1 Koh 2, 2 «und die Freude, wie lange kann sie verweilen?»
2 Koh 8, 15 «und ich rühmte die Freude, da unterhalb der Sonne dem

rung in einer subtilen Dialektik im Talmud[3] durch den Begriff von «Simcha Schel Mizwa». Die tiefe Freude, die man beim Erfüllen einer Mizwa empfindet, ist ein idealer Seelenzustand, den man erstreben sollte. Aber die nur äusserliche Freude, der jede moralische und göttliche Verpflichtung fehlt, hat vom religiösen Standpunkt aus gesehen keine Berechtigung und ist «eitel Blendwerk».

Geläuterter Optimismus

Die Verneinung und der Pessimismus des Kohelet erweisen sich als geläuterter Optimismus: Kohelet lehrt uns, was echte geistige Freude bedeutet. Er sucht uns zu veranschaulichen, dass die göttliche Anwesenheit, die Schechina, sich nur dann dem Menschen offenbart, wenn er sich in dem Zustand der Simcha Schel Mizwa befindet. Diese Simcha ist nicht im engen Sinne zu verstehen. Dies wird aus der Tora selbst ersichtlich, in der die Musik dem Propheten Quelle göttlicher Eingebung wird. «Nun holt mir einen Musikanten, und wenn dieser zu musizieren beginnt, überkam ihn (Elisa) Gottes Geist[4].» Die ausserordentliche Stellung, die die Simcha Schel Mizwa einnimmt, hat im religiösen Leben wesentliche Bedeutung. Sie ist eine psychologische Voraussetzung nicht nur für ein echtes Gebet, sondern auch für halachische Diskussionen[5].

Menschen das Gute nicht erreichbar ist, es sei denn zu essen, zu trinken und sich der Freude hinzugeben.»

3 Schab 30b.

4 II Reg 3, 15.

5 Schab 30b.

Wenn aber die Simcha Schel Mizwa der Ausgangspunkt für eine ganze Reihe anderer wichtiger Tätigkeitsbereiche ist, so ist Simchat Tora der Epilog, zu welchem Liebe und Mühe, die man für das Torastudium aufgewandt hat, führt.

Diese Freude kommt nur dann öffentlich zum Ausdruck, wenn der Zyklus des Toravorlesens beendet ist. Nun ist aber dieser Jahreszyklus als verbindliche Anweisung des Keriat Hatora erst am Ende der Epoche der Gaonim[6] zum verpflichtenden Brauch geworden. In Erez Jsrael wurde die Toravorlesung in einem Dreijahreszyklus vorgenommen[7], und diese Ordnung bestand bis zum siebten Jahrhundert fort[8]. Das Sefer Hachillukim bedient sich des Wortes «Simchat Tora», um den zweiten Tag Schemini Azeret zu kennzeichnen, und so entnehmen wir, dass die orientalischen Juden Simchat Tora jährlich feierten, in Erez Jsrael hingegen wurde Simchat Tora nur alle dreieinhalb Jahre gefeiert. Wir verfügen über Teschuwot[9] von Raw Scherira Gaon und Raw Hai Gaon, welche den zweiten Tag Schemini Azeret «Tag des Buches»[10] und «Tag des Abschlusses»[11] nennen. Diese beiden Namen

6 Geonim, Ehrentitel, der den Gelehrten der Akademie von Sura und Pumbedita in Babylonien erteilt wurde. Das Gaonat beginnt 589 und erstreckt sich bis 1040.

7 Meg. 29b.

8 «Sefer Hachillukim Schebejn Anschei Misrach Uwenei Erez Jisrael», Buch der Abweichungen der Bräuche zwischen den Gemeinden des Ostens und Erez Israel, Jerusalem 1938. Das Werk stammt aller Wahrscheinlichkeit nach aus der zweiten Hälfte des siebten oder aus dem achten Jahrhundert.

9 Authentische Entscheidungen für halachische Probleme.

10 OH zum Traktat Beza S. 28.

11 SH S. 268.

sind eine Beschreibung des Simchat Tora-Festes, welches man feiert, um die Liebe zur Tora, die man beim Beenden des Vorlesungszyklus empfindet, zum Ausdruck zu bringen.

Eine besondere Feier

Der Brauch, beim Beenden des Lernens eines Talmudtraktates eine Feier zu veranstalten, ist schon im Talmud erwähnt. Wenn ein «Talmid Chacham» das Studium eines talmudischen Traktates beendet hatte, pflegte der berühmte Amora Abbaje dieses Ereignis mit dem Festsetzen eines besonderen «Jom Tow» für seine Schüler zu begehen[12]. Der Brauch von Abbaje ist in der Praxis Halacha geworden: Jeder Sijum Massechet, das Beenden eines Traktates, wird mit einer festlichen Mahlzeit gefeiert. Aber nach Meinung von Rabbi Jizchak[13] sei dieser Brauch schon von König Salomon eingeführt worden[14]. Dieser hatte nämlich, als sein Wunsch Weisheit zu erhalten, gewährt wurde, ein grosses Festmahl veranstaltet. Um so mehr berechtigt das Ende des Lesens der Tora, welche nur Weisheit ist, die Veranstaltung eines Festes.

Aber der Sohar[15] geht in der Zeit noch weiter zurück und verbindet Simchat Tora mit Schemini Azeret. Dem Sohar zufolge enthält das Wort Azeret selbst die Andeutung an zwei besondere Mahlzeiten, deren Symbolik in die Welt der

12 Schab 118b.
13 Beginn von Kohelet Rabba.
14 I Reg 3, 15.
15 Num Pinchas, S. 256b, Ausg. Zhitomir 1863. S. 321 Abschnitt 832, Raaja Mehemna Ausg. Aschlag London 1970.

Sefirot[16] eingegliedert ist. Im Gegensatz zur Sukkot-Festmahlzeit, zu welcher alle siebzig Nationen eingeladen werden, ist die Azeret-Mahlzeit für Israel allein bestimmt, es ist ein Treffen Gottes mit seinem Volk, die in dem höchsten Freudengrade stattfinden soll: Simchat Tora.

Kein Abschluss

Es ist aufschlussreich zu beachten, dass der Sohar niemals vom Abschluss des Toravorlesens spricht. Er behandelt jedoch nachdrücklich den Brauch, der in der Schmückung der Tora mit einer Krone besteht. Im Sohar ist alles im System der zehn Sefirot eingegliedert. Azeret spielt an die Sefira des Malchut an, die Tora stellt die sechste Sefira dar, Tiferet, und die Schechina ist ihre Krönung, Keter[17]. Diese Konzeption des Sohar lässt uns verstehen, dass, wiewohl auch der Name Simchat Tora seinen Ursprung in der Urzeit hat, sich doch der Name Schemini Azeret durchgesetzt hat. Darum ist es zwecklos das Wort Simchat Tora in den Gebeten, die man bei der Amida und im Kiddusch einschaltet, zu suchen, denn dort wird nur Schemini Azeret ausdrücklich erwähnt. Auch ist darauf hinzuweisen, dass die «Simcha» kein neues dem

16 Kabbalistisches Schema der über dem Menschen waltenden Welten. Die Bezeichnung Sefirot stammt aus dem Sefer Jezira-Buch der Formung. Die Sefirot sind Elemente der Welt, die die Emanation der verschiedenen Bereiche der Welt mit dem Göttlichen darstellen. Die zehn Sefirot werden durch einen Baum verbildlicht in seiner horizontalen und vertikalen Verzweigung.

17 Die Schechina stellt Ateret Tiferet dar, die Krönung der sechsten Sefira Tiferet, auch mit Rachamim bezeichnet.

Schemini Azeret eigentümliches Element darstellt. Seman Simchatenu, Zeit unserer Freude, ist eine Bezeichnung, die dem Sukkotfeste zugesprochen wird. Die Originalität von Simchat Tora wird also nicht ausschliesslich mit dem Wort «Simcha» geprägt.

Doppeltes Merkmal

Schemini Azeret ist mit einem doppelten Merkmal gekennzeichnet. Obgleich es Schemini, der achte Tag im Hinblick auf Sukkot ist, so ist es gleichzeitig aber auch, und dies vor allem: Azeret, ein besonderes Fest. Was ist nun die Eigentümlichkeit von Schemini Azeret? Man hat dem besonderen Charakter des Schemini Azeret durch die mnemotechnische Abkürzung «Pesar Keschab»[18] Nachdruck verliehen. Der obenerwähnte Abschnitt des Sohar hat schon den tiefen Sinn von Azeret zum Ausdruck gebracht, doch dieser begrenzt damit keinesfalls seinen prägnanten Wert. In der etymologischen Betrachtung des Wortes Azeret findet man auch die Ausdrücke Azara[19], Versammlung an geheiligten Stätten, und Ozer[20], Regierung. Wenn nun die freudigen Tage des Sukkot ihrem Ende entgegengehen, wird der Ruf zu einem letzten Zusammentreffen in göttlicher Umgebung noch einmal laut, ein Aufruf, sich voll und ganz der Freude der Tora zu widmen.

18 Suk. 48a. Chag 17a. Siehe im Machsor: Maarawit des ersten Tages von Schemini Azeret, letzte Strophe vor «Gaal Israel»: P = Pajis; S = Seman; R = Regel; K = Korban; Sch = Schir; B = Beracha.

19 Jo 1, 14. «Kiru Azara», Ruft zur Versammlung! Siehe Am 5, 21.

20 Ps 107, 39 und I Sam 9, 17.

Parallelismus

Simchat Tora ist in Schemini Azeret enthalten, und ist zugleich dessen Ursprung. Simchat Tora ist die Sublimation, die Vergeistigung der natürlichen Sukkotfreude. Durch eine solche Erfassung verflicht sich Simchat Tora in die Struktur des gesamten jüdischen Festzyklus. Gewiss, dieses Fest, das ein Fest der Freude par excellence darstellt, hat immer wieder neue Liebesbezeugungen erfahren, unzählige Minhagim haben es bereichert. Doch darf man hieraus nicht schliessen, dass es erst später eingesetzt wurde, das würde zu einem Missverständnis der tiefen Bedeutung des Systems der jüdischen Feste führen, der Feste Israels, die Zusammenkunft mit dem Göttlichen und dem Heiligen sind[21].

In diesem Zusammenhang ist es auch lohnend über einen auffallenden Parallelismus nachzudenken. Die talmudische Sprache benutzt des öfteren das Wort Azeret als Bezeichnung für Schawuot[22]. Pessach erreicht seinen Höhepunkt an Azeret – Schawuot, ebenso kommt Sukkot am Schemini Azeret zu seiner Vollendung. In diesen beiden Fällen befindet sich Azeret über der Sieben. Azeret – Schawuot, der fünfzigste Tag – vom ersten Tage Pessach an gerechnet – stellt sich über siebenmal sieben Tage, und Schemini Azeret befindet sich als Abschluss der sieben Sukkottage. Die beiden «Azeret» lassen Knesset Jisrael, das jüdische Volk als höhere geistige

21 So Lev «Zaw» S. 31a–32a. Ausgabe Zhitomir. S. 36–45 Ausg. Aschlag, London 1930. Siehe bes. S. 43 Aschlag 119. Hier wird die besondere Freude von Schemini Azeret beschrieben.

22 M Bik 1, 13; Chag 27a; Mo Ka 19a; Pes K: Bajom Haschemini, S. 424, 428.

Einheit, in den geheiligten Bereich der Tora eintreten. Eines ist Mattan Tora, das Geben der Tora, und das andere Simchat Tora, erhabene Freude der Tora. So ist gewissermassen eine mathematische Proportion entstanden, einerseits zwischen Pessach und Mattan Tora, andererseits zwischen Sukkot und Schemini Azeret – Simchat Tora. Israel befindet sich in der Realität des Gesetzes, das durch die Zahl sieben seinen Ausdruck findet, aber es strebt nach Vollkommenheit, die jenseits des Reellen zu suchen ist: In Mattan Tora und Simchat Tora durch die Zahl acht bezeichnet. Das Endergebnis der Offenbarung ist die Vereinigung mit dem Göttlichen. «Es freue sich Israel seines Schöpfers, die Söhne Zions jubeln ihres Königs[23].»

23 Ps 149, 2.

VII.

ZEITEN DER IMMERWÄHRENDEN RETTUNG AUS DER NOT:

AL HANISSIM ... WEAL HATESCHUOT WEAL HAMILCHAMOT

Das Lichtwunder und die Hasmonäer

Chanukka ist ein Fest, das sich besonderer Beliebtheit in allen Kreisen erfreut. Die am 25. Kislew beginnende und acht Tage dauernde Feier löst Freude und Begeisterung bei jung und alt aus. Dieses nachbiblische Fest ist kein eigentlicher «Jom Tow» mit seinen typischen Werkeinschränkungen und feierlichen Mahlzeiten. Sehen wir von der Zeit des Lichterbrennens ab, so besteht auch kein Arbeitsverbot. Im Gegensatz zu Purim wird kein besonderes Buch verlesen, das den geschichtlichen Verlauf des Festes beschreibt. Während aber an Purim kein Hallel gebetet wird, vollendet man an den acht Chanukkatagen das ganze Hallel[1].

Aus der Tora liest man den Abschnitt über die Weihe der Stiftshütte durch die Stammesfürsten vor[2]. Der abschliessende Teil handelt von dem Anzünden des goldenen Leuchters im Heiligtum. Die Haftara am Schabbat-Chanukka ist dem Propheten Secharja[3] entnommen. Fällt der erste und letzte Tag Chanukka auf Schabbat, so liest man am zweiten Schabbat-Chanukka über die Herstellung der Tempelleuchter für das Salomonische Heiligtum[4]. Ein besonderes Dankgebet, Al Hanissim[5], wird in der Schemone Essre und im Tischgebet

1 Schab 21b. T Suk III, 1; Taan 28b. Sof 20, 8.

2 Num 7, 1–8, 4. In manchen Gemeinden beginnt man mit dem Birkat Kohanim Num 6, 22. Siehe Sch A, O Ch 684, 1 und MiT, H Tef 13, 7.

3 Sech 2, 14–4, 7. In Meg 31a wird die Haftara «Nerot Secharja» genannt.

4 1 Reg 7, 40–50. «Nerot Schelomo» genannt, Meg 31a.

5 So beginnt der einleitende Satz, der auch für Purim gilt. Der eigentliche Chanukkatext, Meein Hameora, beginnt mit «Bimei Mattitjahu».

eingeschaltet. Unter den verschiedenen Pijutim[6] für Schabbat-Chanukka sei die Meora[6] «Schenei Seitim», deren Verfasser Schelomo Ibn Gabirol ist (1020–1057), erwähnt.

Wenn auch die besonderen Chanukkagebete schon eine eigene feierliche Stimmung schaffen, so erhält das Fest im jüdischen Hause sein typisches Gepräge durch das Anzünden der Lichter mit Anbruch der Nacht.

Symbolik der Chanukkalichter

Die Symbolik der Chanukkalichter spiegelt den Wesenscharakter des Festes wider. Die jüdischen Festzeiten sind immer lebendige Gedenksteine eines übernatürlichen Eingreifens in das Rad des geschichtlichen Ablaufs. Der militärische Sieg der Makkabäer über die erdrückende Übermacht des seleukidischen Syrerreiches ist wohl ein Ereignis von einzigartiger und grosser weltpolitischer Bedeutung. Wie deutlich sich auch immer hier das Walten göttlicher Providenz manifestiert, so genügte dies allein nicht zur Einsetzung einer neuen Gedenkzeit. Zwei grundsätzliche Motive drängen sich da in den Vordergrund. Der Wundercharakter des Geschehens muss eindeutig supranaturalistisch sein. Der militärische Sieg jedoch kann rational erklärt werden, selbst der einer Minderheit, die ihren Triumph einer besseren Kriegstechnik verdanken kann.

6 Poetische Ausschmückung und Erweiterung des Gottesdienstes, die den Hauptgebeten an bestimmten Stellen hinzugefügt werden. So folgt die Meora direkt nach Abschluss der ersten Beracha des Keriat Schema, d.h. nach Jozer Hameorot.

Eine weitere Überlegung dringt noch tiefer in die religiöse Schicht des jüdischen Volksbewusstseins. Die Vernichtung menschlichen Lebens ist ein schwer zu bedauerndes Unglück. Auch auf dem glänzenden Sieg über einen grausamen Feind liegt der Schatten der Zerstörung. «Freue dich nicht über den Fall deines Feindes und über seine Niederlage frohlocke nicht dein Herz»[7] bedeutet den jüdischen Weisen mehr als reflektierende Lebensweisheit. Es ist ihnen vielmehr angewandte Lebensmaxime. Rabbi Meir Simcha Hakohen[8] ist kategorisch: «Für die Vernichtung der Feinde gibt es kein Fest und keine Feiertage in Israel[9].» Die Chanukkalichter versinnbildlichen nicht die erstaunlichen Siege der Hasmonäer, vielmehr rufen sie die Unauslöschbarkeit des Lichtes im Heiligtum und die Erneuerung des jüdischen Geistes in lebendige Erinnerung. Sie veranschaulichen übernatürliches Eingreifen der göttlichen Vorsehung für die Erhaltung und die reine Bestimmung des jüdischen Volkes.

Diese Lichter sind heilig

Wer aber glaubt, dass hier eine Tendenz der Verniedlichung oder gar ein Verdrängen der hasmonäischen Tat vorläge, der übersieht die Hochschätzung, die Mattitjahu und seine Söhne zu allen Zeiten genossen haben.

7 Prov 24, 17.
8 1843–1929. Hervorragender talmudischer Gelehrter, war 40 Jahre Rabbiner von Dvinsk. Hauptwerke Or Sameach und Meschech Chochma.
9 M Cho 79.

Bei der Konstituierung und Gestaltung eines Festes ging es aber nicht um die Verehrung von Personen, die noch so hehre Helden sein mögen, vielmehr entschied die Erkenntnis des Wesenhaften im Ausserordentlichen des historischen Ablaufs, und nur Symbole von Ewigkeitswert wurden den zukünftigen Generationen übertragen. Dass dies die bestimmenden Kriterien waren, bezeugt sowohl die talmudische Diskussion als auch die halachische Entscheidung für Chanukka. Alles kreist hier um den besonderen Mizwacharakter des Lichterzündens und gipfelt in dem Ausspruch: «Keinerlei Nutzniessung vom Chanukkalicht»[10] oder in der Form: «Die Lichter sind heilig und wir dürfen uns ihrer nicht bedienen[11].» Auch das Anzünden im Sinne der Hillelschen Schule, indem man an jedem Chanukka-Abend ein Licht mehr anzündet, wird bestimmt durch den Grundsatz: «Im Heiligen gibt es nur einen Aufstieg, aber keinen Abstieg[12].» Die Tatsache, dass die Ausführungsbestimmungen über die Chanukkalichter im Anschluss an die Schabbatlichter geschieht, hebt ihre besondere Bedeutung hervor und betont ihre höhere, von jeder Nutzniessung losgelöste Funktion, im Gegensatz zu den Schabbatlichtern, die für die Beleuchtung da sind.

Mitten in dem Hin und Her der Verhandlungen über die Chanukkalichter meldet sich eine fast kleinlaute Stimme: «Mai Chanukka?»[13] Was bedeutet uns eigentlich Chanukka? Die Frage dürfte eher von einem «Chacham»[14] gestellt sein

10 Schab 21b. «Assur Lehischtamesch Leorah.»
11 Aus der Chanukkahymne «Hanerot Hallalu», Sof 20, 6.
12 Schab 21b.
13 Ebd.
14 Ein Weiser.

als von einem «Scheeino Jodea Lischol»[15]. Der Interpellant weiss von den Siegen der Hasmonäer. Er begreift aber nicht den Zusammenhang der heroischen Taten mit der Lichterweihe. Welch aussergewöhnliches Ereignis hat gerade die Lichter zur Erinnerung dieses Geschehens ausgewählt und sie zum Mittelpunkt des Chanukkafestes bestimmt? Die Antwort erfolgt aus Megillat Taanit, die in kurzen Zügen die griechisch-seleukidische Tempelschändung dem Sieg des erstarkenden Hasmonärreichs gegenüberstellt. Diese klare Sicht zeitgenössischer Chronik erfasst den weltgeschichtlichen Gegensatz Hellenismus und Judentum. Durch die Verunreinigung des geheiligten Tempelöls ist das Judentum nur scheinbar unterlegen. Juda Hamakkabi wird nach seinen Siegen nicht von einer Hybris ergriffen. An Stelle eines Triumphzuges auf den Tempelberg werden die verborgensten Kammern des Heiligtums nach reinem Öl durchsucht. Das mit dem Siegel des Hohen Priesters aufgefundene Öl versinnbildlicht an sich schon die Überlebenskraft jüdischer Geistigkeit. Dass aber dieser Ölrest den Tempelleuchter erneut entfacht hat, ist ein sichtbares Wunder. Nichts kann mehr die Unbesiegbarkeit des jüdischen Volkes, den Triumph des Sakralen über das Profane und des Geistes jüdischer Heiligkeit über einen entarteten Hellenismus demonstrieren als die achtfache Brenndauer des der Verunreinigung entgangenen Öls. In der jüdischen Zahlensymbolik bedeutet die Acht das übernatürliche Wirken Gottes, das seine Quelle im Allerheiligsten hat. Damit übertrifft der achtarmige Chanukkaleuch-

15 Einer, der nicht zu fragen versteht. Sowohl er als auch der Weise gehören zu den vier Charaktertypen der Pessachhaggada.

ter den siebenarmigen Leuchter, der im Hechal vor dem Allerheiligsten stand und der mit diesem Standort den Bereich des Naturgeschehens nicht zu durchbrechen vermag.

Beachtlich ist es, dass der Chronist der Megillat Taanit mit der Anordnung beschliesst, sowohl Hallel als auch Al Hanissim in die Gebetsordnung einzuführen. Der Heroismus und der Einsatz der Hasmonäer wird nie vergessen. Die Entscheidung für das achttägige Lichterzünden vermindert nicht das Einmalige an dem Opfermut des Mattitjahu und seiner Söhne. Vielmehr verleiht es ihrem Handeln die Tragweite und die Dimension des Übergeschichtlichen: Rettung des jüdischen Geistes vor dem zersetzenden Ansturm hellenistischer Kultur.

Purim und die grossen jüdischen Feste

Im Reigen der jüdischen Feste zeichnet sich Purim durch seine Vielseitigkeit und seine unbestreitbare Popularität aus. Die Freude, die bis zum Freudenrausch sich kundgibt, übertrifft die auf Freude abgestimmte, aber von der Tora beherrschte Stimmung des Simchat-Tora-Festes. Dennoch fehlen dem Purimfeste nicht die wehmütigen und betrübenden Töne, die an die nationalen Trauertage erinnern und selbst der tiefere Ernst der «gewaltigen Tage»[1] wird bei dem Vorlesen der Megilla[2] in Erinnerung gebracht.

Im Namen des Ari[3] wird überliefert, dass der Name des Versöhnungsfestes bereits auf Purim hinweist: Kippurim[4], ein Tag wie Purim, Ke-Furim. Dass es hierbei nicht um ein zufälliges Wortspiel geht oder etwa nur um Purimtora[5], dafür bürgt nicht nur die hehre Persönlichkeit des heiligen Ari, sondern vor allem das Schicksalhafte, das Purim mit Kippurim in Verbindung setzt. Während Jom Kippur[4] über Leben und Tod des einzelnen entscheidet, erinnert Purim an den obersten Richterspruch, der über Fortbestand oder Untergang des jüdischen Volkes verfügte. Der unvermittelte Über-

1 Jamin Noraim, auch «Hohe Feiertage» genannt. Rosch Haschana, der Beginn des jüdischen Jahres, und Jom Kippur, das Versöhnungsfest.

2 Estherrolle, Megillat Esther, enthält die Purimgeschichte, welche die Rettung der Juden im Perserreich beschreibt.

3 Initialen von Ha-Eloki Rabbi Jizchak des bedeutenden Kabbalisten Rabbi Jizchak Luria Aschkenasi, 1534–1572.

4 Sühnungen. In Lev 23, 28 wird der Versöhnungstag als Tag der Sühnungen bezeichnet. Im heutigen Sprachgebrauch ist Jom Kippur, Tag der Sühnung, üblich.

5 Heitere, für Purimbelustigung bestimmte, auf pseudologische Schlüsse beruhende Überlegungen.

gang von der fröhlichen Purimmelodie der Megilla zu den schweren und ernsten Klängen bei dem Bericht über die schlaflose Nacht des «Königs» hat doch keinen anderen Sinn, als Gottes Königtum über die letzte Entscheidung in der Schicksalsstunde zu proklamieren.

In jener Nacht . . .

«In jener Nacht entwich der Schlaf des Königs[6].» Wer ist dieser von Unruhe und Schlaflosigkeit geplagte König? Kann dieser allmächtige Herrscher über ein persisches Riesenreich, kann Achaschwerosch[7], der leichtfertig und skrupellos dem nach der Macht strebenden Parvenu Haman Ben Hamdata seine Einwilligung zur totalen Vernichtung des jüdischen Volkes gegeben hat, noch von Gewissensbissen geplagt werden? Dies ist recht unwahrscheinlich. So stimmt denn auch das jüdische Bewusstsein mit Raw Tanchums Auffassung[8] überein, der als Subjekt der Schlaflosigkeit des Königs die über das Schicksal seines Volkes wachende Majestät Gottes sieht.

Haman, der leibliche und geistige Erbe Amaleks[9], vertritt das Prinzip der brutalen Gewalt und der blinden Vernich-

6 Est 6, 1.

7 Die Hypothesen der Historiker variieren bei dessen Identifizierung zwischen Xerxes I., Artaxerxes I. oder Artaxerxes II. Das Purimgeschehen müsste sich dann entsprechend um 480, 455 oder gar um 400 vor der gewöhnlichen Zeitrechnung ereignet haben.

8 Meg 15b. «Nadeda Schenat Malko Schel Olam». Zu diesem Anthropomorphismus weist Raschi auf Ps 78, 65 hin.

9 Wüstenvolk, gilt seit seinem ersten hinterlistigen Angriff bald nach dem Auszug aus Ägypten als unerbittlicher Feind Israels. Ex 17, 8–16.

tung der Juden. Diese Inkarnation des Bösen ist der ureigentliche Träger eines primitiven Judenhasses. Über die Vereitelung dieser diabolischen Pläne wacht der König der Welt, und nur mit dem Verschwinden dieser Vernichtungsmacht kann die Welt Frieden und Erlösung finden. Amalek ist der Todfeind des Judentums, er lässt nicht mit sich verhandeln! Schon Bileam, der Repräsentant der Völkerpropheten in der Tora erkannte in Amalek den Urheber des Vernichtungskampfes gegen Israel bis zum bitteren Ende seines eigenen Unterganges[10]. Erst beim Erlöschen seines Andenkens aus dem Bewusstsein der Menschheit sind Israel und die Welt von diesem Grundübel befreit.

Schroffer Gegensatz

Purim demonstriert diesen schroffsten aller Gegensätze. Haman vertritt Amalek und geht gewissenlos auf sein Ziel zu: Extermination, totales Auslöschen der Juden vom Erdboden ist sein Ziel. Die Juden im persischen Exil waren ohne Selbstschutz, völlig von der Laune Achaschweroschs abhängig. Hamans Sturz und der Untergang seiner blinden Gefolgschaft ist ein Ereignis von völkergeschichtlicher Tragweite. Die aussergewöhnliche Hochschätzung des Purimfestes lässt sich aus diesen Voraussetzungen erfassen.

«Worin besteht der gute Ruf, den sich die Königin Esther erwarb? Darin, dass alle Festzeiten einst aufgehoben werden, die Purimtage aber ewigen Bestand haben.» Denn es steht geschrieben: «Es setzten fest und nahmen an die Juden für sich

10 Num 24, 20.

und ihre Nachkommen und für alle, die sich ihnen anschliessen, als unabänderlich, diese zwei Tage zu begehen nach der für sie geltenden Vorschrift und gemäss ihrer Zeitordnung Jahr für Jahr[11].» Auch hier in Midrasch Mischlej findet sich die Verbindung Purims zu Jom Kippur, indem Rabbi Elasar hinzufügt: «Auch Jom Kippur wird nie aufgehoben, denn es heisst von ihm: 'Es bleibe euch dies zu ewigem Gesetz, Sühne zu erwirken für Israels Söhne von all ihren Verirrungen einmal im Jahr[12].'» Purim garantiert für den physischen Fortbestand des jüdischen Volkes und Jom Kippur für die rein geistige, von jeglichem Materiellen befreite Idealität des jüdischen Volkes. Beide behaupten ihre Existenzberechtigung und ihren Sinn auch in der messianischen Zeit.

Überragende Bedeutung

Die überragende Bedeutung des Purimgeschehens zeigt sich auch im jerusalemischen Talmud. Dort sagt Rabbi Jochanan: «Die Newiim[13] und Ketuwim[14] der Bibel – d.h. ihre öffentlichen Vorlesungen – werden in einer fernen Zukunft ausser Kraft gesetzt. Die fünf Bücher der Tora werden aber nicht aufgehoben. Aus welchem Grunde? Denn es heisst: 'Eine mächtige Stimme, die nie mehr aufhörte[15].' Resch Lakisch sagt, auch die Estherrolle und die Halachot werden in

11 O Ch des Maharal, M Misch zu Prov 9, 2 und Jal Schi zu Prov 9, 2, Nr. 944.
12 Lev 16, 34.
13 Prophetenbücher.
14 Hagiographen.
15 Dtn 5, 19.

der Zukunft nicht aufgehoben[16].» Maimonides akzeptiert die Auffassung Resch Lakischs und beschliesst mit ihr in seinem Mischne Tora die Gesetze über die Megilla:[17] «Die Estherrolle wird auch in der messianischen Zeit fortbestehen wie die fünf Bücher der Tora und die Gesetze der mündlichen Lehre, die nie aufgehoben werden. Obwohl jegliche Erinnerung an die Leiden der Vergangenheit einst aufhört, da es heisst: 'Denn vergessen sind die ersten Leiden und vor meinen Augen verborgen.'[18] Diese Purimtage werden nimmer aufgehoben, wie es geschrieben steht: 'Und diese Purimtage werden nicht vergehen aus dem Kreise der Juden und ihr Andenken wird nicht verschwinden bei ihren Nachkommen[19].'»

Neue Einstellung zur Tora

Die tiefgreifende, bis in die Grundpfeiler der jüdischen Existenz dringende Bedeutung des Purimereignisses findet auch ihren Niederschlag in der Überlieferung Rawas[20]. Ihr entsprechend bewirkte das Purimerlebnis eine völlig neue Einstellung zur Tora überhaupt. Der Empfang der Tora am Sinai war unausweichlich und vorherbestimmt. Israel stand unter der Macht eines aussergewöhnlichen Geschehens und geriet in eine fast geistig-seelische Zwangslage. «Er stülpte den Berg über das Volk wie ein Fass und sagte ihnen: Wenn

16 J Meg. 1, 5 Ausg. Rubinstein – Jerusalem 1973, S. 13.
17 MiT, HM 2, 18.
18 Jes 65, 16.
19 Est 9, 28.
20 Hervorragender babylonischer Amoräer. Lebte in Machosa und starb 352. Zu der hier erwähnten Überlieferung: Schab 88a.

ihr die Tora empfangt, so ist es gut, wenn aber nicht, so ist hier euer Grab[21].» Diese Form des Empfangs der Tora ist unvollkommen. Sie wird von der unentrinnbaren Notwendigkeit bestimmt. Es fehlt ihr das Element der Freiheit. Das ergänzende Bündnis zu dem Sinaigelöbnis wurde an Purim in vollkommener Freiheit unter dem Eindruck der Rettung vor totaler Vernichtung geschlossen. Das dürfte der Sinn von Rawas Deutung sein: «Jedoch nahmen sie später die Tora in den Tagen Achaschweroschs in Freiwilligkeit auf sich, so wie es geschrieben steht: 'Sie bestätigten und nahmen auf sich[22].' Sie bestätigten, was sie bereits auf sich genommen hatten[23].»

Die Erneuerung des Bundes mit der Tora entsprang der Freude eines Volkes über die wunderbare Rettung, die ihrerseits die Liebe zur Tora erweckte und die Hingebung an das Gesetz verstärkte. Wenn sich die Offenbarung am Sinai als ein Ereignis darstellt, das im Göttlichen seinen Ursprung hat und sich von dort her an den Menschen wendet, so erreicht das Purimwunder durch die freigewordene Energie von Liebe und Freude des jüdischen Volkes einen Höhepunkt, der zur Erneuerung des Bundes führt. Während die erweckende Kraft jetzt vom Menschen ausgeht, hatte sie am Sinai im Göttlichen ihre Herkunft. Der Überschwang an Freude und Liebe wurde zur Kraftquelle, aus der die Heimkehrer aus dem Exil Mut und Energie schöpften, um den Bau des zweiten Tempels durchzuführen. Zugleich wurde ein neues Sammelbecken geschaffen, das geistige und seelische Kraft spei-

21 Schab 88a.
22 Est 9, 27.
23 Schab 88a.

ste: Die Versammlung der Männer der grossen Synode[24]. So erscheint auch Purim in der historischen Rückschau als bahnbrechend für das Verhältnis von Gott zu Israel für die Zeit, die mit der Rückkehr aus dem Exil beginnt. «Den Juden ward Licht und Freude, Wonne und Würde[25].»

Freude erwecken und bereiten

In sich Freude erwecken und anderen Freude bereiten, das ist der Grundzug des Purimfestes. Diese Freude beginnt bereits vierzehn Tage vor dem eigentlichen Feste. Mit dem Eintritt des Monats Adar vermehrt man die Freude. Purim – Adar steht somit dem Trauermonat Aw gegenüber. Mit dem Eintritt des Monats Aw verringert man die Freude. Purim ist der Antipode des 9. Aw, des nationalen Trauertags. Purim überwindet die Trauer, erzieht zur Freude, die bis an die Grenze des Freudenrausches geht, ohne in einen Exzess auszuarten. Diese Freude hat ihren tiefen Grund in der wiedergewonnenen Ruhe und Beschaulichkeit. Darum wurde der 14. und 15. Adar zum Feste bestimmt und nicht der 13., der Tag des Sieges über den Feind[26]. Dieser Tag bleibt Fasttag.

24 Siehe SE Bd. 2. Ausg. Jerusalem 1971 S. 183. Verfasser Jehuda Arje Leib 1847–1905, Rabbi der Gerer Chassidim und führende Persönlichkeit des polnischen Judentums.

25 Est 8, 16.

26 Hierzu Rabbi Chelbo im Anfang von Meg des jerusalemischen Talmuds. Ebenfalls im Rosch, Rabbenu Ascher Ben Jechiel 1250–1327, auch als Ascheri bekannt, zu Beginn seines Kommentars zum Traktat Meg.

So steht Purim hochangesehen im jüdischen Jahr der Feste, verwoben mit dem eigentlichen Offenbarungsfeste einerseits, andererseits dem Jom Kippur – Ki-Purim – den Rang streitig machend. Zeitlich ist es aber ausgerichtet auf das herannahende Pessachfest, das Fest der Befreiung und der Erlösung.

Worte zum Unabhängigkeitstage – Jom Haazmaut – 5734/1974

Gesprochen im jüdischen Lehrhaus-Basel.

«Ich sterbe nicht, sondern werde leben und erzählen Gottes Taten[1].»

«Von Gott ist dies geworden, es ist wunderbar in unseren eigenen Augen[2].»

«Die Herbeiführung dieser endlichen und allgemeinen Anerkennung der einzig-hohen Bedeutung Israels, des bisher völlig Verkannten und Verachteten, für den Heilsbau der Menschheit, ist auf solchen Wegen geschehen, dass sich darin unverkennbar der Gottesfinger bekundet[2a].»

«Diesen Tag hat Gott bewirkt, laut und innig freuen wir uns Sein[3].»

Wir alle sind Zeugen dieses Tages, des Tages der Wiederaufrichtung des jüdischen Staates, des Tages der Wiedererhaltung der nationalen Selbständigkeit. Dieses Ziel wurde nicht im Geheimen hinter verschlossenen Türen erreicht, sondern in aller Öffentlichkeit von dem höchsten politischen Gremium der Welt anerkannt.

Und dennoch sind wir noch nicht zur Ruhe gekommen, und dennoch können wir nicht behaupten: «Banu El Hamenucha Weel Hanachala, wir sind bereits zu der Ruhe und dem Erbe gekommen[4].»

1 Ps 118, 17.
2 Ps 118, 23.
2a Bemerkung Samson Raphael Hirschs in Kom Ps Bd. 2, S. 199.
3 Ps 118, 24.
4 Dtn 12, 9.

30 Jahre nach der verheerenden Nazikatastrophe besitzt das jüdische Volk immer noch keine Sicherheit! 26 Jahre nach Begründung des jüdischen Staates, zur 26. Wiederholung des Jom Haazmaut, des Tages der staatlichen Selbständigkeit können wir noch nicht von einer staatlich-politischen Konsolidierung sprechen. Ich ziehe bewusst Tag der Selbständigkeit dem Tag der Unabhängigkeit vor – denn Selbständigkeit beinhaltet eine positive Aussage, zu der sich das jüdische Volk verpflichtet, während Unabhängigkeit den negativen Aspekt betont.

Aber mehr noch, heute nach 26jähriger jüdischer Staatsexistenz wird Staat und Volk immer noch von vehementer kriegerischer Aggression bedroht.

Soll darum jegliche Freude erstickt werden und ein freudiger Jom Haazmaut für bessere Tage aufbewahrt werden? Zweifaches ist darauf zu erwidern. Das eine hängt mit dem Charakter des Jom Haazmaut zusammen und das andere beruht auf dem Wesen der Geula – der Erlösung – selbst.

Der Jom Haazmaut ist noch nie in vollendeter Freude gefeiert worden. Die Selbständigkeit ist uns nicht als Geschenk auf einer Silberplatte überreicht worden. Vor dem ersten Jom Haazmaut liegen 50 Jahre von Schweiss und Blut getränkt! Bereits diesem ersten Jom Haazmaut geht ein Tag des Gedenkens für die Gefallenen unmittelbar voraus. Bei diesem engen Beieinander von Trauer und Schmerz auf der einen Seite, Freude und Dank auf der anderen, ist es bis heute geblieben. Kein wirtschaftlicher, politischer und vor allem kein die Landessicherheit betreffender Fortschritt ist seit dem ersten Jom Haazmaut ohne Opfer erreicht worden. Opfer, vor allem an blühendem, hoffnungsreichem Leben! Diese bittere schmerzensreiche Erfahrung erleben wir seit Jom Kippur des Jahres 1973 in erhöhtem Masse ... und dennoch, nach den Tränen und dem Leid des Gedenktages – Jom Hasikaron – folgt die Freude des Jom Haazmaut! Dies fordert die unumgängliche Notwendigkeit der jüdischen Geschichte. Unumgänglich und notwendig! Bereits seit den Tagen von Mordechai und Esther kennen wir Fasten und Trauer, auf die höchste Freude folgt. An Taanit Esther[5] schliesst sich Purim an. Schabbat Nachamu[6] folgt auf den «schwarzen Schabbat», – Schabbat Chason[7]. So bleiben wir mit der engen Verbindung des Jom Hasikaron mit dem Jom Haazmaut im Rahmen der jüdischen Feste.

Aber noch eine zweite grundlegende Überlegung soll uns bei der Gestaltung des Jom Haazmaut leiten. Wir suchen unsere jüdische Autonomie auf allen Gebieten: religiös, staatlich, kulturell und politisch. Was heisst das anders in unserer jüdischen Sprache als ein bewusstes Streben zu den Jemot Hamaschiach – der messianischen Zeit – hin; oder mit anderen Worten ein Leben des Einzelnen wie der Gemeinschaft auf die Geula Acharona – die letzte Erlösung – ausgerichtet.

Diese letzte Erlösung ist aber kein unabhängiges, vereinzeltes Ereignis, vielmehr ein geschichtlicher Prozess, dessen

5 Das Fasten Esther am 13. Adar geht dem Purimfeste voraus.

6 Schabbat des Trostes, der erste Schabbat nach dem Trauertag des 9. Aw-Tischa Beaw. So genannt, weil der an diesem Schabbat vorgetragene Prophetenabschnitt mit «Nachamu, Nachamu Ami – tröstet doch mein Volk» beginnt. (Jes 40, 1).

7 «Schabbat des Schauens», Schabbat vor dem 9. Aw, genannt nach dem Beginn der an diesem Schabbat verlesenen Haftara «Chason Jeschajahu». (Jes 1, 1).

Beschleunigung in ungeahnter Weise wächst, dessen Durchführung aber noch nicht vollendet ist. Wir stehen heute sicher schon jenseits, aber immer noch in dem Bezirk von Atchalta Degeulla – dem Anfangsbereich der Erlösung –. Da gibt es Rückschläge, und mit Schmerz und Trauer ist es noch nicht zu Ende. Das berechtigt aber noch nicht dazu, einen Tag der Freude und des Dankes auszuschalten. Hier und heute verkünden wir:

«Se Hajom Assa Haschem – Nagila Wenismecha Bo!»[3]

Der jerusalemische Talmud berichtet von Rabbi Chija Rabba und Rabbi Schimon Ben Chalafta, die beim Morgengrauen in der Ebene von Arbel[8] den strahlenden Morgenstern erblickten. Da sprach Rabbi Chija zu Rabbi Schimon: «Meister, so verläuft auch die Erlösung Jisraels. Sie beginnt unscheinbar, dann strahlt es auf, und die Kraft der Strahlen wächst ins Unermessliche[9].»

Das jüdische Bewusstsein ist in der Vergangenheit verankert und mit dem Blick grenzenloser Hoffnung auf die Zukunft gerichtet. Wir Juden leben in der Gegenwart von dem Vertrauen ausstrahlenden Ani Maamin[10] beseelt, der messianischen Zeit entgegen. Ein Psalm, der in unser tägliches Ge-

8 Nordwestlich von Tiberias gelegen, wahrscheinlich identisch mit dem biblischen Bejt Arbel, Hos 10, 14.

9 J Ber 1, Hal 1, Ausgabe Rubinstein, Jerusalem, Seite 8.

10 «Ich vertraue», ein aus dreizehn Prinzipien jüdischer Grundlehren bestehendes Bekenntnis, das ebenso wie die Jigdalhymne auf Maimonides Einleitung zum Mischnakommentar zu Sanhedrin 10 aufgebaut ist. Das «Ani Maamin» wurde zum letzten Gesang der Hoffnung und irdischer Verklärung der zu Tode gequälten Märtyrer des Nazi-Holocaust.

bet Eingang gefunden hat, gibt der doppelten Gebundenheit auch im Hinblick auf die besonders schicksalhafte aktuelle Lage in der Sprache des Vertrauens und des Hoffens Ausdruck:

«Dich erhört Gott am Tage der Not.
Dich erhebt der Name des Gottes Jakob.
Er schickt dir Hilfe aus dem Heiligtum
Und gibt dir Kraft von Zion her[11].»

Der Psalmist fährt dann fort:

«Gott gedenkt der echten Opfer
Und lässt darum deine Wünsche in Erfüllung gehen.»

Darum sind wir berechtigt, in Freude auszubrechen:

«Lasst uns jubeln mit Deiner Hilfe
Und uns im Namen unseres Gottes um Deine Fahne scharen[11]!»

Nachtrag 1980

Inzwischen hat der Friedensprozess begonnen. Der Friedensschluss vom Camp David zwischen Israel und Ägypten ist ein Markstein für die Beziehungen der arabischen Staaten und Israel, zugleich auch ein Wegbereiter für den Weltfrieden.

Israel und die Gola vertraut in dieser Entwicklung trotz ihrer Rückschläge und Gefahren seinem allerhöchsten Bündnispartner und dem Leiter aller Geschichte.

11 Ps 20.

ANHANG

1. Zur Transkription der hebräischen Wörter

Wir haben bei allen, von uns umschriebenen hebräischen Wörtern, die sephardische Aussprache zu Grunde gelegt. Dies im Hinblick auf die neuen historischen Gegebenheiten, die Vernichtung des deutschen Judentums einerseits, und die grosse Verbreitung der sephardischen Aussprache durch das Neuhebräisch (Iwrit) im Staate Israel andererseits. Bei der Umschrift hielten wir uns an eine möglichst getreue phonetische Wiedergabe des hebräischen Wortes, und an den Grundsatz: «Umschreibe wie du sprichst, bzw. wie du den Buchstaben hörst», nicht aber an die Transkriptionsregeln der Semitistik. Nach Einsichtnahme in massgebliche Werke ergaben sich folgende Entsprechungen:

1. Konsonanten

Alef	–	wird nicht wiedergegeben.
Bejt	–	ohne Dagesch wird nach Vokal in der Regel mit w wiedergegeben, z.B. Schewa. Doch folgen Wortbilder der üblichen Schreibung.
Gimmel	–	g
Dalet	–	d
He	–	h wird am Wortende jedoch nur wiedergegeben, wenn es ein Mappik hat.
Waw	–	w
Sajin	–	s z.B. Semirot, Askarot
Chejt	–	ch
Tejt	–	t
Jod (Jud)	–	j Im Auslaut = i, z.B. Ai, Baraita.
Kaf	–	k mit Dagesch; ohne Dagesch = ch
Lamed	–	l
Mem	–	m
Nun	–	n
Samech	–	s im An- und Auslaut; z.B. Seder, Paras, Kasdim. Im Inlaut = ss; z.B. Assaf
Ajin	–	wird nicht wiedergegeben, z.B. Ajin, Daat
Pe	–	p mit Dagesch; ohne Dagesch = f
Zade	–	z
Kof (Kuf)	–	k
Rejsch	–	r
Sin	–	wie Samech, z.B. Simcha, Eres, Amassa.

Schin – sch
Taw – t mit und ohne -Dagesch

2. Vokale

Kamez, Patach, Chataf Patach = a
Zere, Segol, Chataf Segol, Schewa Mobile = e
Cholam, Kamez Katan = o
Chirik Gadol, Chirik Katan = i
Schuruk, Kibbuz = u

Zwei aufeinander folgende gleiche oder verschiedene Vokale sind als zwei selbständige Vokale zu lesen. Z.B. Azma-ut, Ge-ulla, Ma-amin, Me-ir, Schewi-it. Jedoch bildet das im Auslaut als i umschriebene Jod (Jud) eine Ausnahme, indem es sich mit dem vorangehenden Vokal zu einer Einheit verbindet. Z.B. Dai, Benei, Beiza.

Das Dagesch forte wird durch Verdoppelung des betreffenden Konsonanten wiedergegeben, z.B. Abba, Sukkot. Keine Verdoppelung findet statt:

a) bei Sajin z.B. Usiel
b) bei Schin z.B. Aschur
c) Jod, wenn ihm ein i vorangeht oder folgt, z.B. Assija, Alija, Chajim.
d) beim ersten Buchstaben des Wortes nach dem bestimmten Artikel, z.B. Hakohen, Hamischpat und nach Mem.

Ausnahmen zu der durchgeführten Transkription ergaben sich bei im deutschen Sprachgebiet eingebürgerten biblischen Eigen- und Ortsnamen. Auch sind gewisse Inkonsequenzen nicht zu vermeiden.

2. Abkürzungen

a. Abkürzungen der zitierten biblischen Schriften

Gen	Genesis – 1. Buch Mose
Ex	Exodus – 2. Buch Mose
Lev	Leviticus – 3. Buch Mose
Num	Numeri – 4. Buch Mose
Dtn	Deuteronomium – 5. Buch Mose
Kom	Das Sigel Kom vor den Abkürzungen für die fünf Bücher des Pentateuchs bezieht sich auf Samson Raphael Hirschs Pentateuchkommentar. 5 Bde. 4. Auflage Frankfurt a/M 1903
Jos	Josua
Jdc	Judicum (Richter)
I–II Sam	1. und 2. Samuelbuch
I–II Reg	1. und 2. Regum (Könige)
Jes	Jesaja
Jer	Jeremia
Ez	Ezechiel
Hos	Hosea
Jo	Joel
Mi	Micha
Am	Amos
Nach	Nachum
Hab	Habakuk
Zeph	Zephania
Sech	Secharja
Ps	Psalmen
Kom Ps	Die Psalmen, übersetzt und erläutert von S.R. Hirsch Frankfurt a/M 1898
Hi	Hiob
Prov	Proverbia (Sprüche)
Cant	Canticum (Hoheslied)
Koh	Kohelet (Prediger)
Thr	Thraeni (Klagelieder)
Est	Esther
Dan	Daniel
Esr	Esra

b. Abkürzungen der zitierten Mischna- und Talmudtraktate

Ar	Arachin
AS	Awoda Sara
Aw	Awot
BB	Bawa Batra
BK	Bawa Kama
BM	Bawa Mezia
Ber	Berachot
Bez	Beiza
Chag	Chagiga
Chul	Chullin
Er	Eruwin
Git	Gittin
J	Das einem Traktat vorangehende J verweist auf den jerusalemischen Talmud.
Jew	Jewamot
Jom	Joma
Kid	Kidduschin
M	Das einem Traktat vorangehende M verweist auf die Mischna
Mak	Makkot
Meg	Megilla
Men	Menachot
MK	Moed Katan
Ned	Nedarim
Pes	Pessachim
RH	Rosch Haschana
San	Sanhedrin
Schab	Schabbat
Schewi	Schewiit
Schewu	Schewuot
Sof	Sofrim
Sot	Sota
Suk	Sukka
T	Das einem Traktat vorangehende T verweist auf die Tosefta
Taan	Taanit

c. Abkürzungen der zitierten Midraschim, Sammelwerke und Kommentare

BerR	Bereschit Rabba
BJ	Bejt Josef
BaCh	Bajit Chadasch
ChM	Choschen Mischpat
EJ	Ejn Jaakow
ES	Elijahu Suta
HJH	Hilchot Jessodei Hatora
HL	Hilchot Lulaw
HM	Hilchot Megilla
HTef	Hilchot Tefilla
HT	Hilchot Teschuwa
IdR	Idra Rabba
JalSchi	Jalkut Schimoni
JD	Jore Dea
KohR	Kohelet Rabba
MechJ	Mechilta Derabbi Jischmael
MMisch	Midrasch Mischlei
MidT	Midrasch Tanchuma
MiT	Mischne Tora, Hajad Hachasaka
OCh	Orach Chajim
OH	Ozar Hageonim
PesK	Pessikta Deraw Kahana
PRK	Pirkei Rabbi Elieser
SchaT	Schaaarei Teschuwa
SchemR	Schemot Rabba
SchoT	Schocher Tow, Midrasch Tehillim
SchuA	Schulchan Aruch
SCh	Sefer Chassidim
SHach	Sefer Hachinnuch
SH	Sefer Haittim
SHa	Sefer Hamizwot
Sif	Sifra, Torat Kohanim
Sifre	Sifrei
So	Sohar
WaR	Wajikra Rabba

d. Abkürzungen zusätzlich zitierter Werke

AwJ	Awodat Jisrael
GH	Gewurot Haschem
GesSchr	Gesammelte Schriften S.R. Hirschs
JN	Jamim Noraim
MCho	Meschech Chochma
MChi	Minchat Chinnuch
NJ	Nezach Jisrael
NO	Netiwat Olam
OrCh	Or Chadasch
RV	Religion der Vernunft aus den Quellen des Judentums
SchSch	Schew Schemateta
SE	Sefat Emet
TJ	Tiferet Jisrael

3. Bibliographie

AGNON, SCHMUEL JOSEF: Jamim Noraim. Jerusalem 1930. Hebräische Anthologie zu den hohen Feiertagen. (Schocken)

ARAMA, ISAAK: Akedat Jizchak, 2 Bd. Bialystock 1911. Kommentar zum Pentateuch.

ASCHER BEN JECHIEL, ASCHERI, ROSCH: Sefer Rabbenu Ascher. Bedeutendes Werk, das fast alle Talmudtraktate umfasst. Den meisten Talmudausgaben beigedruckt.

BABAD, JOSEF BEN MOSCHE: Minchat Chinnuch. Halachische Abhandlungen über die 613 Gebote. Wilna 1929. Das tiefgründige Werk basiert auf Aharon Halevis «Sefer Hachinnuch».

BAR SCHAUL, ELIMELECH: Mizwa Walew. Tel-Aviv 1956. Zweite verbesserte und erweiterte Auflage. Abklärungen jüdischer Grundbegriffe.

BÄR, SELIGMAN ISAAK: Awodat Jisrael. 1937 (Schocken) Vorbildliche Ausgabe mit Kommentar des Siddurs-Gebetbuches.

COHEN, HERMANN: Religion der Vernunft aus den Quellen des Judentums. Nachdruck der zweiten Auflage. Darmstadt 1969, (J. Melzer Verlag).

EDELS, SCHMUEL, MAHARASCHA: Chidduschei Halachot. Klassischer Talmudkommentar. Fast in allen Ausgaben des Talmuds abgedruckt.

ELIJAHU VON WILNA HAGRA: Hagahot Hagra. Prägnante Anmerkungen zum Talmud. In den meisten Talmudausgaben abgedruckt.

ELIJAHU VON WILNA, HAGRA: Beur Hagra zu dem SchA

GERSONIDES, LEVI BEN GERSCHOM, RALBAG: Kommentar zur Bibel. In Mikraot Gedolot.

HAJARCHI, ABRAHAM BEN NATAN: Sefer Hamanhig, Berlin 1855, Erstes Minhagbuch in Europa.

HALEVI, AHARON (aus Barcelona): Sefer Hachinnuch. Hrsg. Ch. D. Chavel. Jerusalem, 11. Aufl. 1977 (Mossad Haraw Kook).

HOROWITZ, JESCHAJA BEN ABRAHAM, SCHELA HAKADOSCH: Schenei Luchot Habrit. Frankfurt a.d. Oder, 1717. Synthese einer auf Halacha und Kabbala beruhenden ethischen Lebensführung.

HELLER, ARJE LEIB HAKOHEN: Schew Schemateta. Hrsg. Mosche Sternbuch. Bene Berak 1977. Sieben Traktate zur Ergründung halachischer Prinzipien.

HIRSCH, SAMSON RAPHAEL: Chorew-Versuche über Issroéls Pflichten in der Zerstreuung. Frankfurt a.M. 1925, 6. Auflage.

HIRSCH, SAMSON RAPHAEL: Der Pentateuch. Übersetzt und erläutert. Frankfurt a.M. 1903, 4. Aufl.

IBN ESRA, ABRAHAM: Kommentar zum Pentateuch. Hrsg. Ascher Weiser, Jerusalem 1976. 3 Bd. (Mossad Haraw Kook)

IBN GABIROL, SCHELOMO: Keter Malchut-Königskrone. Im Machsor vom Versöhnungstag. Ebenfalls in Schirim Niwcharim, Tel-Aviv 1944 (Schocken).

IBN GABIROL, SCHELOMO: Schenei Seitim in AwJ 633f.

JEHUDA ARJE LEIB Alter aus Gur, jiddisch: Ger, polnisch: Gora Kalwaria: Sefat Emet, Jerusalem 1971. 5 Bd. Betrachtungen zum Pentateuch.

JEHUDA HECHASSID: Sefer Chassidim – Buch der Frommen. Von Samson Raphael Hirsch ins Deutsche übertragen in Ges. Schr. 6, S. 469ff.

JONA BEN ABRAHAM aus Gerondi: Schaarei Teschuwa – Pforten der Umkehr, weitverbreitete ethische Schrift. Jerusalem 1947.

KARO, JOSEF: Bejt Josef. Ausführlicher Kommentar zu dem vierteiligen Gesetzeskodex, Arbaa Turim, des Rabbi Jaakow Ben Ascher. Ausg. Machon Chatam Sofer, Jerusalem 1965.

KARO JOSEF: Schulchan Aruch. Umfassender, geltender Gesetzeskodex in vier Teilgebiete geordnet. Ausg. Machon Chatam Sofer, Jerusalem 1965.

LORBEERBAUM, JAAKOW aus Lissa. Genannt auch nach seinem Werk «Chawat Daat»: Nachalat Jaakow, Jerusalem 1962.

LOEWE, BEN BEZALEL, der hohe Rabbi Löw, Maharal: Gewurot Haschem, London 1954.

LOEWE BEN BEZALEL: Tiferet Jisrael, London 1955.

LOEWE BEN BEZALEL: Nezach Lisrael, London 1957.

LOEWE BEN BEZALEL: Netiwot Olam, 2 Bd. London 1962.

LOEWE BEN BEZALEL: Or Chadasch, Bene Berak 1972 (Jahadut).

LUZZATTO, MOSCHE CHAJIM: Choker Umkubbal in Jalkut Jediot Haemet, 2 Bd. Warschau 1936. Wiedergedruckt in Tel-Aviv 1965.

MACHSOR: Gebetbuch für die Feste. Vorbildliche Ausgaben von Wolf Heidenheim – Rödelheimer Machsor. Wiedergedruckt im Verlag Viktor Goldschmidt, Basel. Siehe auch die wissenschaftliche Ausgabe von Daniel Goldschmidt, Jerusalem 1970 (Koren).

MAT, MOSCHE: Mate Mosche. Halachische Abhandlungen auch über die Feste. Krakau 1590. Hrsg. M. Knoblowicz, Jerusalem 1978.

MECHILTA DERABBI JISCHMAEL: Halachischer Midrasch zu Exodus Hrsg. H.S. Horowitz und J.A. Rabin Jerusalem 1970 (Wahrmann).

MEIR SIMCHA HAKOHEN, aus Dvinsk: Meschech Chochma. Kommentar zum Pentateuch. Hrsg. A. Abraham. Jerusalem 1972.

Midrasch Rabba: Aggadischer Midrasch zum Pentateuch. Eingeleitet und erklärt von Mosche Arje Mirkin, Punktation von Jizchak Schawtiel. 11 Bd. Tel-Aviv 1967 (Jawne).

Midrasch Tanchuma: Aggadischer Midrasch zum Pentateuch. Erklärt von Chanoch Sundel. 2 Bd. mit Punktation. Jerusalem 1972 (Eschkol).

Midrasch Tehillim, Schocher Tow: Sammlung aggadischer Abhandlungen über die 150 Psalmen. Hrsg. Salomon Buber. Wilna 1891 (Romm).

Midrasch Mischlei: Sammlung aggadischer Abhandlungen über die Sprüche. Hrsg. Salomon Buber 1893.

Mikraot Gedolot: Sammlung klassischer jüdischer Kommentare zur Bibel. Berlin 1938 (Schocken).

Mosche Ben Maimon. Maimonides, Rambam: Mischne Tora. Hajad Hachasaka. Systematisches Kompendium der jüdischen Gesetzesentscheidungen. Jerusalem 1954 (El Hamkorot).

Mosche Ben Maimon: More Hanewuchim, Führer der Verirrten. Neue Übertragung ins Hebräische nach arabischen Handschriften mit arabischem Text und Kommentar von Josef David Kappach. Jerusalem 1972.

Mosche Ben Maimon: Sefer Hamizwot, Buch der Gebote. Arabischer Text mit neuer Übertragung und Kommentar von Josef Kappach. Jerusalem 1971 (Mossad Haraw Kook).

Mosche Ben Nachman. Nachmanides. Ramban: Torakommentar. Hrsg. von C.B. Chavel Jerusalem 1959 (Mossad Haraw Kook).

Ozar Hageonim: Sammlung von Responsen und Kommentaren in der Ordnung der Talmudtraktate. Hrsg. Benjamin Menasche Lewin, 13 Bd. 1928–62.

Pessikta Deraw Kahana: Midraschsammlung über die Teile der Tora und Haftarot die mit den Festen und besonderen Schabbatot im Zusammenhang stehen. Hrsg. B. Mandelbaum 2. Bd. New York 1962.

Pirkei Rabbi Elieser: Aggadische Sammlung in erzählender Form. Jerusalem 1973 (Eschkol).

Raaja Mehemna: Teil des Sohars, der sich auf die Gesetze der Tora bezieht. Hrsg. Jehuda Aschlag. London 1971.

Raschi, Rabbi Schelomo Ben Jizchak: Kommentar zur Bibel und zum Talmud, siehe Mikraot Gedolot und Talmud.

Raschi: Sefer Hapardes. Konstantinopel 1807. Ausgabe 1924, Hrsg. H.L. Ehrenreich.

SCHIMON, RABBENU: Jalkut Schimoni. Midraschsammlung, 2 Bd. New York 1944 (Pardes).

SEFER HACHILLUKIM: Sefer Hachillukim Schebejn Anschei Misrach Uwenei Erez Jisrael. Buch der Abweichungen der Bräuche zwischen den Gemeinden des Ostens und Erez Jisrael. Verfasst im 7. oder 8. Jahrhundert. Jerusalem 1938.

SEFER JEZIRA: Buch der Schöpfung. Erster Druck in Mantua 1562. Mit Kommentar wiedergedruckt Warschau 1884. Deutsche Ausgabe von L. Goldschmidt 1894 und E. Bischoff 1913.

SIFREI DEBEI RAW: Halachischer Midrasch zu Numerus. Hrsg. H.S. Horowitz, Jerusalem 1966 (Wahrmann).

SIRKES, JOEL. BACH: Bajit Chadasch. Umfassender Kommentar zu dem vierteiligen Gesetzeskodex, Arbaa Turim, des Rabbi Jaakow Ben Ascher. Ausg. Machon Chatam Sofer, Jerusalem 1965.

SOHAR: Zentrales Werk der Kabbala. Benutzte Ausgaben Zhitomir 1863 und London 1971. Herausgeber und Kommentator mit hebräischer Übersetzung der zehnbändigen Londoner Ausgabe ist Jehuda Aschlag.

TALMUD (babylonisch): Ausgabe Parde.s Tel-Aviv, New York und Ausgabe Meorot, New York 1972 20 Bände.

TALMUD (jerusalemitisch): Ausgabe Rubinstein und Söhne, Jerusalem 1973, 7 Bände.

TARGUM JONATAN BEN USIEL: Aramäische Übersetzung zu den Propheten und Schriften. In Mikraot Gedolot.

TARGUM ONKELOS, (Onkelos – Umformung von Aquila): Aramäische Übersetzung des Pentateuchs. In Mikraot Gedolot.

TORAT KOHANIM, SIFRA: Halachischer Midrasch zu Levitikus. Jerusalem 1975 (Saks).